福　報

人與人之間真正的差距

許峰源——著

PART 1
心，是最強大的力量

PART 2
自我修練，成為更好的自己

PART 3
每個相遇都是緣分，更是福分

PART 4

人與人之間的連結，在於善解

PART 5 福慧傳家，洞見財富的規律

PART 6 撥雲見日，將黑暗化為光明

PART 7 積善種福，種下好命的種子

PART 8 有福報才會做得到，做得到才會有福報

〈自序〉

福報，是轉運造命的最大智慧

感謝你願意在數以萬計的書中，拿起這本書，這是一個難得的好緣分。

《福報》是我的第八本著作。

當初取這個書名時，很多朋友覺得不吸引人，並不看好。

但這個書名是我一輩子到目前爲止，所有生命疑問的答案，更是我翻轉貧窮命運的驅動力量。

我必須對自己誠實，必須對所有信任我的讀者誠實，所以老實地將書取名爲：《福報：人與人之間眞正的差距》。

在我臺大法律系畢業、應屆考取律師執照後，因爲父母生病，我必須立刻創業、開律師事務所。

我日夜拚命，白天在律師事務所，晚上在全國各大補習班教書。

然而，對於一個二十三四歲、出身三重豆干厝的菜鳥律師，既沒人脈、也沒背景、更沒有錢，要有案源、賺到錢，談何容易。

每當我遇到瓶頸、困惑，我總習慣到臺北行天宮去看看、去拜拜心中的主神——關聖帝君。

當我拜完，坐在廟埕臺階上，看著來來往往的人們，我內心慢慢浮現一個生命疑問。

大家上了一樣的課，讀了一樣的書，做了一樣的努力，爲什麼有的人就是賺得到錢，有的人就是賺不到錢？

道理大家都知道，爲什麼做不到？

直到後來，我在《易經・坤卦・文言日》中讀到這句話：「積善之家，必有餘慶。」

這句話改變了我的生命視角，也啓動了我的轉運造命。

原來，我眞正缺的，不是專業知識、不是努力、不是吃苦耐勞，而是福報。

當我一心只想著自己的私利去賺錢，雖然沒有錯，但缺乏智慧；之所以缺乏智慧，就是因爲少了福報。

「一命，二運，三風水，四積陰德，五讀書。」這段話是智慧，更是轉運造命的密碼。

很多人一輩子只是努力讀書，累積能力、資源，卻從未想去幫助別人、去積善種福。

那他的生命就會一直停留在第五個層次，依循著出生落地早已註定的命數，消費、消耗著早已註定、定量的福報。

相反地，當我們願意將自己的能力、資源去幫助別人、去積善種福，就能點滴累積善緣福報。

在幫助別人的過程中，會感受到自己所學不足，再回過頭來繼續讀書，培養更大能力、累積更多資源，再去幫助更多人，累積更多善緣福報。

在這樣持續循環、往復的正向螺旋中，我們的能力、資源與善緣福報也不斷螺旋增上。

我們的起心動念會慢慢正向轉化，我們整個人的氣質、氣場、長相都會慢慢變得不一樣，我們整個人的風水也就轉動了起來，這就是所謂的「相由心生」。

當我們的風水轉動起來後，大家變得喜歡跟我們在一起，我們開始有人緣、有深緣、有善緣。

在幫助無數人的過程中，我們成爲很多人生命的貴人，很多貴人也出現在我們的生命之中，我們遇到的人事物，也就是我們的運也就跟著轉動了起來，最後我們的命也跟著改變了。

這就是「轉運造命」的智慧。

因此，這麼多年來我觀察到、體悟到的，是人與人之間眞正的差距，就是福報。福報，是我們的心如何看待生命中發生的一切，如何看待自己擁有的一切，並且驅動著我們去做著什麼樣的事情。

一個有足夠福報的人，才會眞正做得到去幫助別人；而一個眞正做得到幫助別人的人，也才會有更多的福報。

有福報才會做得到；做得到才會有福報。

福報就是做到，做到就是福報。

這世上幾乎所有的一切都是無法控制的，但我們能夠在每一個當下決定自己要將內心的善念眞正去做到幫助別人。

就在這一瞬間，我們就是一個有福報的人，我們正在累積轉運造命的善緣福報。

人兩腳，錢四腳，人永遠追不到錢的啊。

一般人只知道追著錢跑，卻不明白錢是追著有福報的人跑。

最終我們會醒悟，原來無數人汲汲營營追逐、算計一輩子的金錢財富，原來早就一直埋藏在我們積善種福的人生正途之中。

不要分心，老實地將內心一個個微弱的善念去付諸行動、去幫助別人，專心做內心覺得應該做的事，就是爲自己、爲家人、爲有緣相遇的人累積盈滿光明力量、轉運造命的善緣福報。

在這本書中，你會有種既視感，就是會反覆看到這個中心思想被運用、被見證在不同的小故事、生命體悟中。

就是這麼簡單、不可思議、簡單到不可思議。

書中的每一篇都是獨立的，可以分開閱讀；但也不算是完全獨立，因爲會反覆談到我的中心思想。

眞心祈願這五十八篇關於《福報：人與人之間眞正的差距》的小故事、生命體悟，能夠爲我們彼此帶來深遠無盡的善緣福報。

PART 1

心，是最強大的力量

【心，是最強大的力量】01

心，才是決勝的關鍵。

想要把書讀好、把試考好，最重要的不單純是技巧、方法，而是一個學生的習性、性格、心性。

很多人談到「讀書心法」這個主題時，往往過度在意技巧、方法、甚至捷徑。但，實際的情況是，學生縱使知道再多讀書方法，卻往往做不到，最後成績依舊沒有進步。

這並不是什麼特殊情形，而是極爲常見的人生場景。

一個人想要成功，應該要做到哪些事情，道理其實我們都知道，往往只是做不到。

同樣的，一個學生想要把試考好、拿到高分，應該要做到哪些事情，其實方法他們都知道，往往也只是做不到。

我們眞正需要的，不是更多的「知道」，而是更多的「做到」。

「知道」與「做到」之間，一直有著遠比我們想像更遠的距離。

所以，我的讀書心法更關注的是，一個學生如何一步步、腳踏實地做到那些簡單卻重要的基本功。

做事踏實，心就穩；心穩，路就穩。

這個心，包含了一個學生整個讀書考試過程中的習性、性格、心性。

習性，指的是一個學生平常讀書、寫題目、訂正等等各種長期累積的微小習慣，進而深化形成的無意識動作。

性格，指的是一個學生在讀書考試過程中，面對各種挑戰、瓶頸、挫敗、低潮、大場面等等順境、逆境時，所表現出來的反應。

心性，是一個很深層次的境界，指的是一個學生到底爲何而戰，他的內在驅動力是什麼，甚至是願心產生的強大願力。

心，才是讀書考試眞正決勝的關鍵，更是我讀書心法的眞正核心。

心的強大，才是眞正的強大。

一個學生考九十五分，一個學生考七十五分，你覺得哪一個學生考得比較好？

從表面分數直觀來說，當然是九十五分考得比較好。

我的答案是，不一定。

如果九十五分的學生，是依賴著自己天生的小聰明，輕輕鬆鬆、偶爾偷懶、臨時抱佛腳就考九十五分。

另一位七十五分的學生，雖然資質平凡，但願意接受長期正規嚴格的訓練，經歷了很多挑戰、煎熬、磨難，用盡了自己全部的心力，最後只拿到七十五分。

在我心中，我認爲七十五分比九十五分的學生考得更好，未來極高可能性更有出息。

道理很簡單，社會是一個很龐大的生態系統，各行各業、千人千面，不是每個人的工作、職業、事業都只能依賴考試得高分的技能維生。

考試分數，本來就無法絕對性決定一個人一輩子的成就大小。

但，**一個人做事的習性、遇到大事時的性格、願意爲家人奮戰的心性、爲社會奉獻的願心，才會決定自己到底是一個什麼樣的人。**

從更本質的角度來說，一個學生的習性、性格、心性，跟他聰明與否、貧富貴賤、高矮胖瘦沒有什麼絕對的關係。

我認爲除非很特殊的成長環境外，幾乎每個人都能夠決定自己要養成什麼樣的習性、性格、心性。

我們對於自己一輩子最後成爲一個什麼樣的人，能否透過一天一天、一點一點的努力，成爲一個更好的人，有著百分之百的生命責任。

因此，我認爲，一個學生無論高矮胖瘦、貧富貴賤、聰穎駑鈍，都能透過接受長期正規嚴格的訓練變強，成爲一個更好的人。

在我眞實的生命經驗，當我自己腳踏實地、吃苦耐勞地接受長期正規嚴格的訓練；養成一個個微小正向的好習性、鍛鍊自我堅韌的性格、時刻謹記爲家人奮戰的願心，最後我不只成爲了一個更好的人，我的成績也強大到綻放光芒。

【心，是最強大的力量】02

善解，是允許生命中的一切自然發生。

我認識一位事業橫跨兩岸三地的物流公司老董事長。

他當初罹患胰臟癌時，跟一般人的反應一樣，不肯接受，覺得爲什麼會是他，自己事業這麼成功、賺那麼多錢，爲什麼會是他。

他很有錢，所以可以找最好的醫生動手術、住最高級的病房、用最好的藥。他所有的藥，都不用健保的，都是自費用美國進口最新、最好的藥。

病房跟五星級飯店的行政套房一樣豪華，跟他過往出差、旅行住的一樣。我記得當初老董事長每個月的醫藥費用大約要三百八十萬左右。

雖然在我面前，他表現得對於戰勝癌症依舊信心十足。

但，我知道他內心非常焦慮、恐懼，幾乎都睡不著覺。

過了一年多，到了癌末，因病情危急，送到急診、加護病房。

醫生跟家屬宣布，可能要有住進安寧病房接受緩和醫療的心理準備，讓他有尊嚴、安詳地走完生命最後一小段時光。

老董事長大發脾氣拒絕了，他依然無法接受死亡，堅信自己可以活下來。

在病情更加急轉直下後，他決定自費安裝葉克膜，每天的費用是十萬元，拚上一把。

過了一個多星期後，老董事長眞的盡力了，但還是離世了，全身插滿各種最後急救的管線。

我也聽過聖嚴法師一個小故事。

聖嚴法師罹患腎臟病洗腎多年，晚年罹患了腎臟癌。

在生命的最後時光，聖嚴法師全身水腫、身體極爲不適，甚至連大小便都無法自理。一位受數以萬計信徒崇仰、追隨的禪師，我難以想像這時躺在病床上的他，是什麼樣的景況。

讓我意想不到的是，當聖嚴法師圓寂前，當初照顧他的很多位醫生、護理師，都皈依成爲他的弟子。

這些照護聖嚴法師的醫生、護理師接受訪問時說，他們行醫一輩子，從未親眼見過有人可以像聖嚴法師一樣，在病痛纏身、極爲痛苦時，依舊那麼慈悲、善待每一個人；甚至在生命最後臨終前，可以那麼從容淡定、平常心，這讓他們非常震撼。

當我聽到這個故事後，內心也非常觸動、敬佩，更讓我省思、反省自己。

無論我們怎麼努力，都難以免除生命中一切的不順遂、逆境災難。

生老病死、福禍輪迴，是生命的自然現象，人不可能違反自然而活著。

會發生的，終究會發生；不會發生的，終究不會發生，一切命數皆不以人的意志而改變，皆是因果運轉的自然律則。

但，每個人面對不同的生命處境，往往也有著很不一樣的心態與反應。

有些人遇到一點小事小病，就大驚小怪、暴跳如雷、食不下飯、夜不能睡；有些人遇大事、生大病、甚至面對生死，卻能保持平常心、自由自在。

甚至有些人在身處生命逆境中，依舊能夠惜福感恩每一個幫忙他的人，能夠去善待他人，去幫助他人。

這之間的差異，就在於從福報累積而來的善解生命境遇的心靈力量。

善解，從字面解釋，就是從善的視角去理解生命的一切處境。

因此，很多人以爲所謂的善解，就是正向思考，這其實是一種誤解。

很多書、很多課程告訴我們，當遭逢逆境時，要正向思考；好像只要正向思考，就能勇敢面對、解決所有一切。

然而，我們捫心自問，以我們自己的生命經驗觀察，當我們眞的身處逆境時，要求自己正向思考，有用嗎？

說到底，當我們要求自己正向思考時，早已深陷負面思考了……。

思考，根源於我們的大腦，而大腦的生存機制本質上就是負面思考，要讓我們對生命中一切蛛絲馬跡的危險，產生警覺、提防、大驚小怪、或戰或逃。

大腦負面思考的傾向，是基因的設計，爲的是讓我們能夠在原始野蠻、叢林環境中生存下來。

大腦只顧著活下來，不管我們幸不幸福、快不快樂。

不信的話大家可以試試看，想越多、想越久，是會越想越幸福快樂，還是越想越痛苦？

越想，只會越想不開啊。

我們眞正需要的，不是正向思考，不是在頭腦邏輯中打轉、糾纏。

而是要能夠擁有超越思考、超越頭腦邏輯後的一種開闊心境。

超越，就是不要死命地跟大腦對抗，只是跟所有負面念頭、情緒借過一下，知道這些念頭、情緒不是我們生命的全部。

所有念頭、情緒、思考，都只是我們無限廣闊心海中的波浪，或許存在，卻無關緊要。

善解，是心海、是心境，是不可知、不可思議的心靈力量。

善解，是能夠允許生命中的一切自然發生，允許好的也允許壞的，允許順境也允許逆境，甚至允許活著也允許死亡。

想要擁有善解生命境遇的大智慧，不是關起門來讀讀書、上上課就會有的，需要的是長期積善、種福累積而來的善緣福報力量。

善緣福報與善解力量，是一種相輔相成、正向螺旋的關係，甚至是一體兩面的。越累積善緣福報，就越能善解生命境遇；越能善解生命境遇，就越能累積福報，福報就是善解，善解就是福報。

練習將內心一個個微弱善的起心動念去付諸行動、去幫助別人，去做內心覺得應該做的事，點點滴滴累積無形卻眞實不虛的善緣福報力量。

當我們參與了無數人的生命，見證過了無數大起大落、橫禍災難、生老病死，我們自己的問題與挑戰或許依舊存在，卻也慢慢無關緊要。

因爲我們的心量變大了，多了理解、多了寬容，多了面對解決的餘裕及勇氣。我們會慢慢善解順受自我生命的一切境遇，允許一切自然發生、停留、消逝。我們的心會慢慢撥雲見日，擁有了無限廣闊與自由。

當有一天善緣福報累積到了某個神祕的臨界點後，我們會進入生命的最高境界，就是無有罣礙、無有恐怖、遠離顚倒夢想的平常心。

好也平常，壞也平常；順境也平常，逆境也平常；活著也平常，死亡也平常，一切都如四季變換、白天黑夜一樣的平常。

到那時，我們也只是願意心存善念、願意利益無數人而活著的一個簡單又平常的好人，如此而已。

【心，是最強大的力量】03

心境，是轉運造命的驅動力量。

無論一個人目前擁有了、遇到了什麼，從某種程度來說，都是命中註定。這一切跟我們努力不努力有關，但也沒有我們自己想像得那麼有關。在整體生命運轉力量的面前，我們顯得無比渺小。

不論別人擁有了再多的金錢、名氣、地位，都不用羨慕，那是他們的命數。不論我們遇到再多挑戰、困難、逆境，都不用抱怨，這也是我們的命數。

很多人以爲擁有了就是有福報，得不到就是沒有福報、或是因爲有業障，這是一種誤解。

有時，擁有了很多金錢、名氣、地位，不是福報，反而是業障。有時，遇到了很多挑戰、困難、逆境，不是業障，反而是福報。多大的福報，就有可能帶來多大的業障；多大的業障，也就可能帶來多大的福報。

福報與業障，不是那麼表面認定的，是一線之隔，是一念之差而已。

一念天堂，一念地獄，一念一念是心境，更是命運。

這世上幾乎所有外在的一切都是不能控制的，我們唯一能夠決定的，是自己的心境，也決定了自己的命運。

心境，就是我們的心如何看待生命中擁有的、遇到的人事物，並且驅動著我們去做什麼樣的事情。

仔細觀察自己遇到一件事情的直覺反應，包含念頭、情緒、言語、行動，這是我們生命心境的顯化，也是我們生命福報力量的展現。

當我們能夠覺照自我心境顯化的念頭、情緒、言語、行動，就是一種心靈力量的展現，越早能夠覺察、越早能讓自心踩個煞車、按下暫停鍵，我們的心力就越強大，福報也就越深厚。

對於來不及踩煞車，被負面念頭、情緒綁架，說出不好的話語、做出不好的行動，我們也不用過度苛責自己，我們都是平凡人，我們可以練習懺悔寬容自己的不完美，可以練習大勇地承認錯誤與承擔彌補。

當我們的心海升起反省覺照之光時，內心的太陽就再一次普照大地，我們會體悟自己不是那些念頭、情緒烏雲，而是充滿向善力量的太陽。

這一瞬間，我們可以感受到自己平凡卻又不平凡的心，爲自己累積了一點一滴珍貴卻盈滿無限力量的善緣福報。

將來遇到類似外在境遇時，我們心的覺照力量就強化了一些些，能夠更早一些時間覺察、更有一些力量穩定。

人生沒有不勞而獲的東西，練心不是讀幾本書、坐著發呆空想，練心只能在事上練，每一次的受挫、反省、承擔，都是點滴轉化心境的善緣福報。

在很多人的眼裡或許看到的是貧富貴賤、高矮胖瘦，我看到的卻是一個人福報的深厚。

心境，是一個人福報力量的展現，更是轉運造命的驅動力量。

練習在順境時，懂得謙卑、懂得感恩、懂得承擔責任；在逆境時，懂得反省、懂得不失去盼望、懂得老實做事。

在生命的每時每刻，懂得將內心微弱善的起心動念去付諸行動，去幫助別人，這是一個擁有無限轉運造命潛能心境的人，一個福報深厚的好人。

【心，是最強大的力量】04

平靜心靈，
是不隨念頭反應的心。

很多人以爲生命修練的方向，是要擁有平靜的心靈。

這個方向沒有錯，但很多人卻也往往誤解了什麼是平靜的心。

一位單親媽媽撫養兩個孩子，下個月的房租、孩子安親班的費用、信用卡費都繳不出來了，心如何平靜？

健康檢查報告顯示肺部有五公分的陰影，要進一步做病理切片檢查，心如何平靜？

接到醫院急診室通知自己的孩子因爲重大車禍，在手術室與死神拔河，心如何平靜？

平靜的心，不是指生活中遇到任何的順境、逆境、大事、小事，內心都波瀾不驚、毫無起伏。

這是不可能做到的，因爲我們是有血有肉、活生生的一個人。

甚至，如果眞的透過各種長期靈修達到這樣的境界，眞的對什麼事都沒有反應，那跟木頭、石頭有什麼兩樣？

反過來問，你會希望自己的家人是一個這樣的人嗎？

朝這個方向努力，肯定只是白白浪費了寶貴的生命，而且走錯路了。

所謂的平靜心靈，是指擁有一顆穩定的心，內心跟正常人一樣，會感受到喜怒哀樂等各種情緒，會浮現各種好的、壞的念頭，但我們練習不反應。

不反應，跟沒有反應，是完全不一樣的兩件事。

不反應，是指我們的心依舊會有波瀾起伏、甚至激動落淚，但我們能夠慢慢地穩定下來、持續地微調，讓自己不跟著念頭、情緒跑，返回、守住內心那超越念頭、情緒的太陽。

念頭、情緒，像風浪；強烈的念頭、激動的情緒，像大風大浪，但終究都只是風浪而已，我們內心深處一直有著超越這一切的太陽。

內心的太陽，是我們內心的覺照力量。

覺就是知道，照就是看著；覺照，就是知道了，但就只是看著。

就像看電影一樣，無論劇情多麼引人入勝、多麼令人著迷，只要知道自己正在看電影的瞬間，我們就跟電影銀幕中的劇情拉開了一點點距離。

當我知道自己正看著電影，代表我不是電影，電影不是我。

當我能夠看著念頭，代表我不是念頭；當我能夠看著情緒，代表情緒不是我，我是內心深處那一直都在的太陽。

就只要看著就好，但我們練習不反應，就這麼簡單卻又不簡單。

只有當我們不隨著負面念頭跑，這時我們才能像沉澱後的水，慢慢清楚洞察內心浮現珍貴的正面念頭，驅動、指引我們去做當下能做的、應該做的事。

一次一次持續地練習，慢慢地我們將能夠看見光明，也看見黑暗，那些負面的念頭就只會像烏雲一樣浮現飄過，卻再也無法遮擋我們內心那充滿向善力量的太陽。

我們將能夠在生命的順境、逆境、無常、苦厄之中，不分心、老實地將內心一個個微弱善的起心動念去付諸行動、去幫助別人，去做內心覺得應該做的事。

這是最最重要的，因爲如果擁有了平靜心靈，卻什麼都做不了，什麼都沒做、不想做，那有什麼意義呢？

我們是活生生的一個人，我們有家人、有朋友，我們的生命只有在與無數有緣相遇的人建立眞摯溫暖的生命連結時，我們才能感受到生命的價值與意義，我們彼此也才能感受到幸福快樂。

當我們的存在本身，像冬天的太陽一樣溫柔、溫和地照破了無數人生命的黑暗時，我們也成爲了眞正擁有平靜而穩定心靈的一個簡單的好人。

【心，是最強大的力量】05

轉心向內，即是出路。

最近遇到越來越多高齡離婚的大哥大姐們的故事。

其中，大部分是高齡女性主動提出，不見得是源於男方有小三，或是其他明顯具體的理由，就是單純想要自己一個人過生活了。

或許有些故事的過程有掙扎、挽回、衝突，但大部分的故事是相對冷靜的。我還遇過雙方到戶政事務所辦完離婚登記後，一起去五星級飯店吃西餐的。

跟大家想像的不同，高齡離婚後，通常是男性比較適應不良。

聽說，這也跟年齡增長後的荷爾蒙變化有關。

高齡後，男生的男性荷爾蒙比例會下降、女性荷爾蒙比例會上升，所以會相對戀家、戀老婆、戀小孩；但，女生的男性荷爾蒙比例會上升、女性荷爾蒙比例會下降，所以會相對獨立、外向、想要有自己的生活。

因此，大部分因爲高齡離婚後，遇到身心靈挑戰的，反而比較是馳騁商場數十載的大哥們。

首先，離婚這件事情，不要急著落入是非對錯的論斷，更不要掉入探究根本原因、鑽牛角尖的陷阱中。

因爲，這個問題的本質非常複雜，也非常簡單，就是緣分盡了。

第二，離婚後，我們不是失敗者，不是什麼失婚人，我們只是恢復單身。

我們只能也必須過著過去從未想過的新生活。

第三，我們的心因爲另一半猝不及防的離去，心裡留下了一個窟窿，但，不要急著找到一個新的伴侶塡進去、硬塞進去。

因爲，那個窟窿幾十年來有個獨一無二的形狀，就像製作糕點的模型，是找不到完全符合我們自私自利想法的替代品。

更重要的是，新的伴侶也是一個活生生的人，不應該只是一個替代品。

人的一生，本來就是坎坎坷坷、跌跌撞撞，從來沒有人保證晚年生活的一帆風順。

轉心向內，即是出路。

我們可以練習接受眞實現狀，不要排斥、不要怪罪、不要自責，不要失去信心、不要失去盼望，只是單純接受當下此刻的眞實現狀。

不管我們內心湧現再複雜的負面念頭、情緒，我們都允許它們的浮現、存在，因爲我們知道自己不是念頭、不是情緒。

再強烈的念頭、情緒都是一時的，一切都會過去的。

慢慢靜下心來，洞察這世上哪些人事物是我們可以控制的、哪些是我們無法控制的。

我們會慢慢體悟，原來存在於這世上絕大多數的人事物都是我們無法控制的，而幾乎所有痛苦的根源，都來自於我們想要控制本質上無法控制的一切。

練習讓無法控制的人事物順其自然，該怎麼樣就怎麼樣、該隨它去就隨它去，**每放下一件小事，心就增加一分光明**。

一次次地放下，我們的人生沒有失去，我們的心反而盈滿了寧靜、開闊、自在，這不是邏輯，而是智慧。

這世上我們唯一能夠控制的，就是無論身處任何外在境遇中，我們都可以決定自己要成爲一個願意心存善念、願意利益無數人而活著的一個簡單的好人。

或許內心複雜的念頭、情緒依然存在，但我們依舊可以練習將內心一個個微弱善的起心動念付諸行動，去幫助別人，去做內心覺得應該做事；我們會逐漸轉化自己的運與命，慢慢走出一條全新的道路，成爲一個全新的人，一個更好的人。

當我們內心不再有失婚感、失敗感、失落感，甚至能夠過著盈滿善念、平靜、信心去幫助影響無數人的生活時，代表我們眞的準備好了。

這時很多難以想像、不可思議的生命緣分會自然來到。

一切都是那麼順其自然、水到渠成，黑夜已經過去，光明已經到來，一切都會過去的。

【心，是最強大的力量】06

心安，就是平安。

當生日吹蠟燭許願，我們第一個願望已經慢慢是「希望全家人平平安安」時，就代表我們進入了生命的某種成熟階段。

人的一生有很多的追求，或者金錢、或者名位，不同年齡、人生階段都不一樣。等人生閱歷到了某個臨界點後，或許依舊愛錢、愛名，但內心最最核心的祈願一定是「平安」。

每個人都希望能夠祈願自己、家人、所有生命中在意的人「平安」。就是這麼簡單「平安」兩個字，道盡了生命最高境界的追求。

追求金錢、地位、名氣、權勢，沒有錯，這是很自然的人性。但我們會在生命的某個時間點遭遇難以承受的生命困境，這時我們會驚覺過往追逐的一切財富地位都幫不上忙。

甚至，我們會感受到過往的一切，只是一場空。原來老天要給我們一塊錢跟一千萬，是一樣簡單的事情；要奪走我們的一切，也只是一瞬間而已。

人啊，終究算不過天的。

生命的無常與苦厄，是無形的力量，自然不可能用有形的金錢去解決，只能回到同樣是無形力量的積善種福。

然而，無形力量的積善種福，並不是讓我們永遠不遇到任何阻礙、困難，並不是讓一切順風順水，而是讓我們擁有一顆平靜而穩定的心。

積善之家，必有「餘」慶。之所以用剩餘、結餘的「餘」這個字，深刻的意涵是，一個行善積德的人，不代表一輩子都不會遇到不好的事情，但最後的結局、結餘一定是好。

這才是「積善之家，必有餘慶」的智慧所在。

仔細回想，當我們遭逢逆境時，外在的壓力、挑戰都是存在的，但我們的心是否擁有某種平靜、穩定、信心，相信自己過往所做的一切不愧於天、不愧於心，相信老天會庇佑我們走過眼前的風風雨雨。

這樣的相信，不是頭腦邏輯的，不是燒香拜佛的，而是一種超越的信心、甚至是信仰，最後顯化為內心的平安，這才是積善種福最珍貴的善緣福報。

只要出生為一個人，一個活生生的人，沒有人可以避開人生所有的苦難。

就像只有晴天，沒有陰天、雨天、颱風天，可能嗎？只有春天，沒有夏天、秋天、冬天，可能嗎？

晴時多雲偶陣雨，春夏秋冬，都是自然的規律；人生的順境、逆境、無常、苦厄，也都只是自然的規律。

苦難，是人生的基底，是必然、是或早或晚遭逢的學習功課，擁有這樣的生命觀，是難得的智慧。

如果認爲人生的基底是快樂，將難以接受絲毫的苦難；如果認爲人生的基底是苦難，將更能知福、惜福難得的快樂。

當無常與苦厄來臨的瞬間，我們所能仰賴的不只是銀行裡的存款，我們必然會相信過往累積的善行力量將會平靜而穩定地帶領我們度過這一切，甚至是生命最後的死亡，也就是所謂的善終。

最終我們會體悟，積善種福最大的報酬，並不是財富與地位，並不是讓一切如我們所願，而是讓我們感受到超越頭腦理解的平安，一顆平靜安穩的心。

心安，就是平安。

PART 2

自我修練，成為更好的自己

【自我修練，成為更好的自己】01

努力到自己都感動，
底氣油然而生。

我很少跟學生談論「努力」這件事。

我往往只會問他們：「你是業餘的，還是職業的？」

如果你只是想當一個業餘的選手，那就不用浪費我們彼此的時間，大家該幹什麼就幹什麼去吧。

你繼續過你想過的爽日子就好。

但，如果你想成爲一個眞正的職業選手，那還需要別人提醒你要努力嗎？

跟一個職業選手談論「努力」這件事，某種程度來說，是一種侮辱。

因爲，每一個職業選手都非常非常努力，都是毫無保留拚了命地努力。

冠軍，對於一個業餘選手來說，是可有可無的；但，對於一個職業選手而言，那就是生命的全部。

一個奧運參賽選手，不是只爲奧運會準備了四年，而是扎扎實實準備了一輩子。

他們用了所有時間、精力、甚至是無以計量的犧牲，來拚搏那獨一無二的金牌。

無論最後是勝是敗，都是令人敬重的，因爲每一位選手都是贏得毫不僥倖，輸得也問心無愧。

在年紀很小的時候，我就發現了一個祕密，就是我可以完全決定自己要不要努力，要努力到什麼樣的程度。

這個發現，讓我感受到一種莫名的興奮與自由，一種自己的命運我自己決定的霸氣。

無論貧富貴賤、高矮胖瘦，我們都能決定自己要不要努力，要努力到什麼樣的程度。

這件事跟父母無關、跟老師無關、跟同學無關，跟這世上任何人都無關，只跟我們自己有關。

努力，是我們自己要負起百分之百的生命責任。

甚至，這跟最後的勝敗結果沒什麼關聯。

從我們自己決定像一個職業選手一樣拚了命地努力，並且一天天持續踏實做到職業水準的努力後，我們就已經成爲了一個很了不起的人。

因爲，我們看得起每一天努力的自己。

別人只願意努力一小時，我就要求自己努力三小時；別人只能夠努力二小時，我就磨練自己能夠努力五小時、六小時。

在這看似不自由的過程中，其實才是邁向眞正自由的道路。

因爲，是我自己決定要努力到不輸給任何人的程度，這讓我感受到自己超棒的，感受到「百分百負起自我生命責任後的自由」。

當我們一次次決定、一天天累積，甚至努力到連自己都感動的那一瞬間，會產生一種從實力積累起的強大氣場與能量，這就是所謂的「底氣」。

這時我們會慢慢形成一種讓對手敬畏的沉默氣質，安靜地令人畏懼，安靜地無所畏懼。

我們不再浪費時間跟人閒話家常、打屁浪費時間，不再關注別人對我們的閒言閒語、指長說短。

因爲，我們是頂尖的職業選手，會把所有時間、能量精準用在練習、練習、再練習的自我精進上。

甚至，我們也不再與人討論努力這件事，因爲，努力對我們來說，是反射的基本動作，是能夠像遵循武士道一樣活著的武士。

做什麼，像什麼；做什麼，是什麼。

在我生命中做任何一件事，無論是當考生、當補習班老師、當律師、當作家，我對自己努力的要求都是職業的。

無論在任何困難情境下，我都能夠決定自己要付出不輸給任何人的努力，這是我自己決定的，我是自由的，我是一個連我自己都發自內心敬重的職業選手，一直都是。

當我們努力到連自己都感動的那一瞬間，老天一定會在關鍵時刻幫我們一把，這是我無數眞實的生命經驗，引領我挺過一個又一個人生的挑戰與難關，走到了今天，成爲了我自己。

這就是「天助自助，自天佑之，吉無不利」的福報智慧。

【自我修練，成為更好的自己】02

真正的天才，源自長期的正規訓練。

美國職棒大聯盟道奇隊選手大谷翔平，完成了聯盟史上第一次五十支全壘打、五十次盜壘成功的紀錄。

這項紀錄有多難？

大聯盟近兩百年的歷史，從來沒有人達成過。

爲什麼難？

因爲通常力量強大擅長打全壘打的選手，不太會盜壘；通常速度飛快擅長盜壘的選手，不太會打全壘打。

然而，大谷翔平辦到了，有如漫畫劇情、電玩人物般不可思議地完成了。

對了，更不可思議的是，大谷翔平還是一位頂尖的投手，可以投出超過時速一百六十公里的快速球，還有其他超犀利的變化球。

很多人稱讚大谷翔平是雙刀流的棒球天才。

這樣天才的稱號，所有人幾乎一致認同，無人懷疑。

但，如果大谷翔平沒有從小學開始就接受長期正規嚴格的訓練，有可能擁有今天驚人的棒球能力嗎？

或者說，如果從小就認定大谷翔平是天才，什麼事都沒做，過了二十年後，突然把他放到大聯盟的球場上，打得出全壘打、盜得了壘、投得了球嗎？

很顯然這是不可能的。

我們一般人往往以爲天才，是天生的，好像從小就擁有驚人的天賦，不用付出什麼努力就能展現驚人的本事。

這是一種錯誤信念，一種對於我們自己生命成長有害的錯誤信念。

我們可以深思一個問題。

當我們將天才這個稱號冠在一個人身上時，這個人必然已經在某個領域成爲一個耀眼、綻放光芒的巨星了。

因此，天才，必然都是事後結果論的。

所謂的天才，是指接受長期正規嚴格訓練後，能夠表現得遠比其他人強大的選手。

這句話的精髓，在於「接受長期正規嚴格的訓練後」。

沒有人可以在接受長期正規嚴格的訓練前，隨意論斷、斷定一個選手未來到底是不是天才。

反過來說，一個選手到底行不行、最後到底是不是天才，最重要的，是先接受長期正規嚴格的訓練。

所以當年我讀書考試時，每當內心浮現自我懷疑，質疑自己是不是讀書這塊料、有沒有讀書的天賦時，我總會反問我自己：「你拚都還沒有拚過，怎麼知道自己到底行不行？」

記得臺灣桌球選手林昀儒說過，其實他不太喜歡別人稱讚他是天才，因爲彷彿他天生就會，不用付出努力就能贏得現在的成績。

林昀儒說，我每天日以繼夜接受嚴格的訓練，唯一放假不用練球的日子，就是參加比賽那天。

事實上，幾乎每個領域被人稱爲天才的選手接受訪問時，都不太願意、甚至厭惡被稱作是天才。

道理跟林昀儒選手說的是一樣的。

因爲這些偉大的選手，都是先經過長期正規嚴格的訓練，甚至可以說，是遠比其他人更爲嚴格的訓練後，才擁有今天傲人的比賽成績，創下驚人的歷史紀錄。

不要輕易將別人的成就，歸功於所謂的天才或運氣，卻忽略了別人拚過命的努力，這會讓我們自己活在某種可怕的人生謊言中，慢慢侵蝕著我們的志氣、鬥志，最後一事無成。

這世上確實存在著所謂的天才及運氣，但往往跟一般人想的不一樣。

眞正的天才，不是那些廉價的小聰明，而是願意吃苦耐勞，願意不分心、老實地接受長期正規嚴格的訓練。

這件事無關貧富貴賤、高矮胖瘦，我們每個人都可以決定自己願不願意接受長期正規嚴格的訓練，證明自己到底行不行、自己到底是不是天才。

當我們敬畏、學習別人拚過命的努力，衝破卸責、逃避的自我謊言，一天一天腳踏實地接受長期正規嚴格的訓練後，我們會慢慢見證自己能力的進步、心靈的強大。

甚至，我們會感受到自己的運氣越來越好，面對大事時內心平靜穩定許多，因爲我們有了最珍貴的「底氣」。

【自我修練，成為更好的自己】03

修養，是一個人最重要的價值。

我們人的眼睛長在前面，視線只能看見前面，這也造就了絕大多數人目光狹隘、人際互動的盲點。

我們往往只注意眼前的人事物，跟眼前的人互動、談話、把酒言歡。我們以爲別人都沒在注意我們，其實錯了，我們的一言一行所有人都在旁邊、背後看著呢。

吃飯忽視桌上的公筷母匙，習慣用自己的筷子在哪邊攪啊、挑啊，讓大家吃著他們自以爲衛生的口水。

國外旅遊忽視集合時間，習慣遲到個十幾二十分鐘、甚至半小時，讓整車的人等他們一個人，隨口說迷路了、電梯等太久。

聚餐吃飯喝點小酒，習慣自走砲，沒人灌酒就自己大杯大杯地喝，結果失態、嘔吐。

在言談中自以爲風趣，習慣聊腥羶色、愛虧、調戲年輕女孩，不自覺透露對女性朋友的歧視，甚至酒後就開始毛手毛腳。

一個人的修養，往往就從一些極微小的言行中展現，某些雷區一旦踩到，縱使別人嘴上不說，內心早已劃了一個大大的「X」。

很多人埋怨自己有專業有能力，總是遇不到貴人、沒有年輕人願意跟隨，卻不知道自己早已因爲一次次的不經意、不小心、忍不住的言行舉止，讓這些貴人、年輕人避而遠之。

或許有些人會覺得這些小事沒什麼大不了。

但從我眞實的人生閱歷，可以很肯定地告訴你：一個人的成功需要長期持續做對無數件小事，一個人的失敗往往只需要一時一次做錯一件不起眼的小事。

曾經我在餐會上，遇過一位年輕後輩律師，整桌都是董事長，他很想吸引董事長們的注意，就開始炫耀目前手上有哪些大客戶，爲了證明眞實性，還有意無意分享這些客戶不爲人知的祕密……。

在一旁的我，沒有多說什麼，但內心知道這位新銳律師無論再專業，都已經出局了，一次就成爲所有潛在大客戶的絕緣體。

這位新銳律師不是注意力不足，不是不小心，而是他發自內心不覺得保守客戶祕密的重要。

執業律師保守客戶祕密，不只是法律要求的義務，更深的意義是對於別人生命的重視，眞心把保護別人不受傷害這件事放在心上。

不是用力提醒自己，而是發自內心覺得本該如此，是我們的本來面目，這才是眞正珍貴的人格修養。

否則，無論我們再努力提醒自己、隱藏自己，一定會在某個時間點曝露自己眞實的習性。

我們會慢慢省悟，眞誠，也就是到底我們自己是一個什麼樣的人，是這世上最簡單、最自然的與人相處模式。

在家、在外、在公、在私，都是同樣的一個人，既不費力去維持人設，也不用力去裝模作樣，這是多麼輕鬆自在啊。

想要慢慢趨近於這樣的生命境界，不是靠頭腦邏輯、意志力，而是需要點滴善緣福報的累積。

從日常生活開始，練習每時每刻存好心、說好話、做好事，有能力就幫助別人，沒能力至少不傷害別人，在一個個善念付諸行動的過程中，會累積無形卻眞實的善緣福報。

當善緣福報逐漸深化、淨化我們的心靈，我們的言行舉止會有一種自然反射的善良、隨和、溫暖、優雅的氣質，這就是所謂的修養。

隨著生命歷練的深化，我們終會體悟：修養，是一個人最重要的價值。

當生命的烏雲逐漸散去，一切都將撥雲見日，清清楚楚、明明白白、輕輕鬆鬆，內心充滿向善力量的太陽會和煦自然地普照每一個有緣相遇的人。

【自我修練，成為更好的自己】04

言行舉止，決定了你的人生舞臺。

很多年前，十九歲的我考上臺大法律系。

大一新生入學，尤其是進到全國第一學府臺大讀書，對於我這樣一位從豆乾厝出身的窮小孩來說，什麼都很新鮮。

當然，從小在充斥社會底層勞工、性工作者、黑道、毒品的豆乾厝長大，我身上也難免帶著一些自己難以察覺的習性。

講沒幾句話就帶一兩句國罵，每天早上遇到同學時，都會不自覺先問候他們的爸媽媽。

當時我一八〇公分、七十四公斤，體格非常精壯，理著運動選手常見的五分頭極短髮，加上隨口不停的國罵口頭禪，整個人散發濃厚的地痞江湖味，只差沒有抽菸、吃檳榔而已。

我臺大法律系的同學們，絕大部分都是在大城市、舒適優渥乾淨的環境中長大，身邊的同學也大都是一樣乾乾淨淨、白白淨淨的。

起初同學們對我有些避而遠之，我的解讀是因爲他們都是北一女、建中、中一中、中女中、南一中、南女中、雄中、雄女等名校畢業的，看不起我來自三重高中這樣一所名不見經傳的學校。

後來才明白原來是我身上散發的流氓氣息，讓他們有所警戒、擔心害怕。

隨著大家相處時間久了，同學們慢慢習慣了我獨特的鄉土腔調、國罵口頭禪。我自己也不以爲意，我認爲只要書讀得夠好、成績夠好，就可以好好做自己，不用有任何改變。

直到我後來拿到了臺大法律系的書卷獎，也就是全司法組的前三名。有一天下午五點下課，五六月的梅雨季，教室外頭下著雨，我特別幫擔任大法官的教授撐傘，送他到法學院大門口廣場的座車。

這位教授的學識淵博、地位崇高，品格修養更是令我非常敬重，我們一直很有話聊，所以這個科目我也學得特別好，在一次次深化互動中，也加深了彼此的善緣。途中，教授特別恭喜我拿到書卷獎，他知道這個獎項得來不易。

我笑著，開心、驕傲、又有點不好意思：「X，教授，這沒什麼啦，我會繼續努力的啦。」

教授突然在雨中停下腳步，臉色有些變化，但沉默著，似乎在思考怎麼跟我說。看著他突然轉爲嚴肅的表情，我內心有些緊張，他的不怒而威的沉默更讓我有些不知所措，不自覺把頭低了下來，目光停留在他布滿雨滴的黑色皮鞋上、逐漸浸濕的西裝褲腳。

教授終於開口說：「峰源，我知道你的程度很好，悟性很高，又非常努力，將來一定會大有可爲。

「但，你有想過未來的自己到底想要成爲一個什麼樣的人嗎？你想要成爲一個咖，一個做大事的大人物嗎？」

我看著教授的雙眼堅定地回答：「當然想啊，我一定要出人頭地，成爲一個了不起的大咖。」

教授嚴肅地說：「那你有看過任何檯面上的大人物講話會隨口帶幾句髒話嗎？我的話點到這裡爲止，我相信以你的聰明才智會明白的。」

送老師上車後，我獨自站在大雨中，被當頭棒喝後，也忘記了是不是有繼續撐著傘，只記得好像全身都濕了，臉上也全濕了，卻難掩漲紅的臉，內心充斥著丟臉、羞愧、惱怒卻又感恩的情緒。

就像我從小當羽球選手被教練狠狠訓斥的經驗，這是一種很複雜、很痛苦的情緒，卻又好像找到了某種變強、成長的突破點。

一個人想要做自己與白目、沒有修養之間，往往只有一線之隔。

或者應該說，很多人從根本上誤解了所謂做自己的眞義。

做自己，是指我們內在的心境、志向，也就是到底我們想要成爲一個什麼樣的人，這跟任何人都無關，只跟我們自己有關。

能夠不受干擾、不被閒言閒語影響，堅定不移走在自我命定的人生正途上，是一個眞正做自己的大勇者。

然而，一個人外在的言行舉止，跟每一個相遇、相處的人有關，代表的是一個人的修養、層次。

也就是臺語所說的：「一個人的『格』。」

直譯爲國語，就是一個人的資格、姿態、格調、品格。

想要登上什麼樣的檯面，就要有什麼樣的言行舉止；有什麼樣的言行舉止，才能登上什麼樣的檯面，這兩者是緊密結合、互爲因果的。

就像我們也很難接受總統在國際媒體聯訪中，口無遮攔、隨口髒話；很難接受韓國女團明星蹲在路邊抽菸、呑雲吐霧；很難接受天團男星隨口嚼檳榔、隨地吐檳榔汁。

有些人或許會說，只要在公開正式場合、大場面的時候，注意自己的言行舉止就好，私底下還是可以做自己，不用那麼拘束、拘謹。

這樣的心態就是很多人難登大雅之堂、扶不上檯面的關鍵因素、瓶頸。

因爲，沒有一個人可以永遠維持這樣自由切換的高度注意力、警戒心，一定會在某個關鍵時刻露出馬腳。

只要一次，就會被看破手腳，打回原形。

所以最合理的方法是，**徹底修練自我，讓自己徹底斷除任何不合宜的言行舉止，無論公開、私下的言行都趨於一致，這就是表裡如一的智慧。**

一開始我甚至只要不小心講出一句髒話，就搧自己耳光，很痛、很怕但很有效。很多年過去了，或許我還沒有做得很好，但也進步了很多，我不再是那口無遮攔的、自以為做自己的年輕人。

現在的我有勇氣站上無數公開的大場面講出得體的話，也有自信在私底下與無數人得體自在地相處對話。

眞心感恩當年教授的當頭棒喝，感謝當年的我遵循了內心善的起心動念，感激過往累積的善緣福報讓我有足夠的光明力量一次次、一天天地修正自己。

這世上很多事情背後的規律都差不多，都是從一個微弱的善念、自我勉強開始，勉強久了就會成爲好的習慣，習慣久了就會成爲好的自然反應，一切也就跟著變好了。

【自我修練，成為更好的自己】05

成功，從「立刻馬上」的態度開始。

「立刻馬上」的服務態度，能為自己種下一顆顆充滿無限可能的善緣種子。客戶遇到問題，「立刻馬上」幫忙處理、解決，幾乎是所有頂尖保險業務員共同的人格特質。

在這個時代，無論網購或訂閱服務，客戶付費後，希望拿到東西或享受服務的關鍵字，就是「立刻馬上」。

等待的焦慮感太煎熬了，所以客戶內心對於等待的忍受時間，幾乎就是「零秒」。

這樣的心理沒有什麼對錯好壞，只是一個時代的特徵描述。

客戶的信任度、滿意度，會隨著下訂付費後、享受服務的等待時間拉長，極速降低、崩塌。

反過來說，就是不信任度、不滿意度急速升高、爆炸。

這就是很多人那該死的拖延性格，在新時代商業環境中無法生存的底層邏輯，無論在職場、商場。

等待的焦慮感實在太痛苦了，以至於客戶最後可能直接放棄，或者下次絕不再複購；也就是說，你之前辛苦付出的獲客成本全部都打了水漂。

「立刻馬上」的服務心態，幾乎是所有成功業務員的標配（標準配備），或者應該說是基本動作。

當接到客戶告知需要服務時，把它記下來，列入待辦事項排程，你已經慢了，甚至已經輸了。

或許有人說，這樣會忙不過來，但殘酷的現實是，你現在的單數、客戶數有多到服務不過來嗎？還是只是單純懶得「立刻馬上」處理客戶的問題？

其實，真的到了服務不過來時，早就有錢請助理幫忙了；最重要的是，「立刻馬上」的服務品質不能降低、妥協。

講到底，很多人還是敗給了自己那該死的種種性格。

想要增加業績，就要戰勝自己、修練自心，這是轉運造命驅動力量的起點。

有些人或許會說，讓客戶稍微等一下又不會怎麼樣。

那是因爲在等的人不是你自己，站著說話當然不腰疼。

成功的業務員，通常不一定比其他人專業，只是更懂得理解人性、滿足人性；更重要的是，他們能夠戰勝自己的懶性、惰性、拖延性。

練習凡事「立刻馬上」服務、處理、解決，雖然不一定能夠完美無缺，但客戶一定能夠感受到我們的態度，這就是一顆充滿無限可能的善緣種子。

產品，是死的；人，是活的，只有活生生的人的服務，才能展現深層的溫度，才能結下一段段的善緣，更是在未來時代不可或缺的軟實力。

未來屬於一個有溫度的人的天下。

【自我修練，成為更好的自己】06

人與人之間真正的差距，是福報。

成爲作家這十幾年來，我寫出了七本好書，每本書裡都有著三、四十個故事，算一算我也寫了兩、三百個故事了。

但這麼多年來，我內心一直有著一個最深的生命體悟，卻很難下筆寫出來，因爲很難、很抽象。

而且，更無法單純用幾個小故事能夠說明清楚。

然而，這個生命體悟卻又經過反覆驗證，眞實不虛。

掙扎了很久，內心始終有個一再出現的聲音，要我把這個生命體悟好好地用淺顯的文字寫下來。

因此，哪怕沒有找到能夠完整承載的故事，哪怕只能使用純粹的文字，我也想要大膽嘗試寫出來。

這個生命體悟就是：「人與人之間眞正的差距，是福報。」

無數的生命疑問，我在福報裡找到了原因；無數的生命方向，我在福報裡找到了答案。

福報，也可以稱爲恩典，也可以稱爲奇蹟。

到底什麼是福報？

福報最粗淺的理解，就是好運。

就是一個人遇到好的人、事、物，跟我們拜拜祈求幸福快樂、事事順利的概念很類似。

但，福報又不只是好運。

福報，是我們的心如何看待生命中發生的一切人事物，我們有著什麼樣的反應，並驅動著我們去做出什麼樣的事情。

仔細觀察，明明遇到類似的事情，爲什麼每個人的反應不一樣，眞的，每個人的反應都非常不一樣。

在這裡我們不是要討論好壞對錯、品格修養這類的議題。

我們要省思的是，當我們遇到一件事情，我們的心爲什麼會有這樣、那樣的反應，我們的心是如何看待眼前的這件事。

甚至，到底是爲什麼我們會遇到這樣、那樣的人事物。

這些反應、生命視角、人生際遇，不是單純頭腦理智能夠理解的層次，隱約有著更遠大的無形力量。

這讓我內心湧現了生命的疑問，也讓我找到了生命的答案。

那就是福報。

當一件事情困擾、激怒了我，我明白是自己的福報不夠；

當一件事情讓我罣礙、放不下，我明白是自己的福報不夠；當一件事情的進行遇到了阻礙、困難，我明白是自己的福報不夠。我不再將注意力放在外在的生命境遇，而是轉心向內反省自心，從慚愧心、懺悔心中，找到重回正軌、重新奮起的內在驅動力量。

或許每個人有自己各種不同成功、成長、成就的方法，但我只相信善緣福報的累積。

想要點滴累積轉運造命的善緣福報，方法也只有一個，我也只會這一個，那就是不分心、老實地將內心一個個微弱的善念去付諸行動、去幫助別人，去做內心覺得應該做的事。

當我一天一天走在積善種福的人生正途中，原本生命存在的掙扎、煩惱、狹隘執著，慢慢地煙消雲散了，我的心境有種雨過天晴、撥雲見日的清新、廣闊、溫暖光明。

或許外在挑戰依舊會有，但已經無關緊要，因爲我看待它的心境已經不一樣了。不可思、不可議、卻眞實不虛的是，我的氣運也就因此慢慢順了起來，正向轉動了起來。

這一切跟貧富貴賤、高矮胖瘦無關，只要我們願意持續練習將內心那一念善去付諸行動、去幫助別人，我們都能擁有轉運造命的恩典奇蹟，都能成爲一個有福報的人。

PART 3 每個相遇都是緣分，更是福分

【每個相遇都是緣分，更是福分】01

社會走跳需要的不是人情，是交情。

有些人喜歡在辦公室牆上，秀他們與所謂的成功人士、大人物的合照，用來彰顯自己也很重要。

有些人喜歡在聚餐時，秀自己在哪裡跟哪些知名人士、大老闆吃過飯，誇張一點的，還會當場打電話展現一下他們的人脈廣大。

其實，人脈存摺是一種幻覺。

人與人之間的關係變幻莫測、捉摸不定、眞眞假假，如果用存款、取款、利息等具體數字理解的話，顯得有些幼稚、無知，更多時候只是自我感覺良好。

不管是合照、吃飯、換過名片、通過電話，頂多都只是認識而已，有時連認識都談不上。

在社會走跳，光認識是不夠的，要有交情。

逢場作戲的朋友不用多，但有眞正的交情、甚至過命的兄弟、姐妹一定要夠多。

交情，是深度參與彼此的生命，是生命連結的善緣；是我心中有你，你心中有我，我們將彼此放在心上的溫暖感受。

哪怕我們沒有每天在一起，哪怕我們相隔千萬里，我們依舊把彼此放在心裡。

交情，很難透過交際應酬、吃飯喝酒、嘴裡稱兄道弟而來，只會透過長時間正向的生命連結而來。

人與人之間剛開始的細微互動，會在彼此心中留下一顆顆種子，或許善的、或許惡的。

後續的交往相處，則會持續灌溉這一顆顆種子，發芽茁壯、開花結果。

無論我們再著急，長成一棵大樹都需要時間，開花結果也需要時間。

縱使短時間內幫了別人大忙，即使別人內心充滿感恩之情，這充其量只是對方感覺欠了我們一個人情，而不是交情。

有些人很會應酬交陪、交朋友，很會做人情給別人，甚至有很多微妙的技巧讓別人欠他們人情，好讓別人在未來可以爲他們所用。

人與人相處，要的不是短時間內讓人大喜過望，而是要長時間地不失望。

就像威士忌釀造一樣，一開始的麥芽、水、酒基、橡木桶很重要；整個釀造過程長時間的土質、空氣、溫度、氣候變化也非常重要；然後，是時間，也是最後最關鍵的因素。

這世上幾乎所有事情，最難的就是要能經得起時間的考驗啊。

縱使有人可以在短時間內騙得過很多人，卻很難在長時間內騙得過所有人。

終究，會在某個不經意的瞬間顯露出他們眞實的深層本性。

所以，我們的起心動念是什麼，我們自己到底是一個什麼樣的人，這才是能否與人建立真摯溫暖交情的一切疑問與答案所在。

心不對、人不對，哪怕我們幫了別人大忙，很懂得如何讓別人欠我們人情，對方也只會想著如何趕快還清這個人情，想盡快與我們劃清界線。

我們不用長袖善舞，不用張牙舞爪，不用幼稚炫耀。

我們真正需要的是，練習一點一滴給人方便、給人歡喜、給人希望、給人信心；持續種下一顆顆善緣種子，持續點點滴滴用善緣灌溉，然後耐心醞釀等待。

我們會見證大樹長成、開花結果的那一天，一切顯得自然無礙、水到渠成。

【每個相遇都是緣分，更是福分】02

討好每個人，
最後會看不起自己。

不要想討好每一個人，因爲這只會浪費我們的生命，更會消磨我們的志氣，最後我們會看不起我們自己。

不用向每一個人證明我們的本事，因爲有些人他們永遠不會認可我們。

在他們心中，只覺得自己最好、最棒、最厲害，無論我們再有本事，他們眼裡也容不下我們。

人往往會向有資源的人身上靠攏，這是人性的自然現象。

然而，一個擁有金錢、權勢、地位的人，不見得就是一個好相處的人，有時更可能根本不是一個好人。

在眞實人脈交往場合中，從這類人中看到的更多是自戀的人，也就是極度以自我爲中心的人。

以前參加過一場牙醫師公會的羽球賽，親眼看過一位五十多歲的男牙醫師，雖然打得很不怎麼樣，每一次下場時，場邊卻都會站五位像灌籃高手裡幫流川楓加油的啦啦隊，還有一位長得很像赤木晴子，當然這些啦啦隊就是診所裡的助理們啊。

以前大學修過一門課，很難、很操，期末考很容易被當掉，當掉就要重修、延畢一年。多年來，學長姐就傳授一個絕招，就是期末考前最後一堂課，要請全系最漂亮的五、六位女同學，買最大束、要用雙手圍抱的鮮花，一起上臺送給教授，感恩教授的師恩教導。這樣期末考教授的手會稍微抬高一點。

在這類人面前，無論球打得再好、書讀得再好，通常我們很難入他們的眼，因爲他們眼裡只有自己。

或許在某些時刻爲了「活命」稍微低頭，但沒有必要把注意力放在討好他們，冀望他們會看見我們、提拔我們。

沒關係，這世界很大，人很多，人脈是無限的，資源是無窮的。

但記得，我們自己的時間、能量卻是極爲有限的。

有緣的，我們就交往深一點；沒緣的，我們就交往淺一點。

人活著要有骨氣，透過時時刻刻的努力、磨練，培養、累積發自內心的自信心，甚至是一種威嚴、霸氣。

這樣的自信、威嚴、霸氣，不是裝腔作勢、不是惱羞成怒，而是一種淡定、平靜。

因爲我們知道自己的力量不是依賴別人的認可，不是來自虛假應酬的褒獎，不是活在閒雜人等的嘴裡。

而是來自我們始終堅持做對的事、做內心覺得應該做的事，在一次次將善念付諸行動，深刻接觸過無數人生命後，讓我們溫暖有力地感受到自己的存在價值、生命意義。

我們會慢慢成爲一個有骨氣，但脾氣小很多的人。有骨氣的人，因爲有底氣，所以沒脾氣，可以寬容、微笑看著那些活在虛假討好中的人們。

不是走在同一條道路上的人，不用分心去討好他們，更不用分心去改變他們，隨他們去吧，我們只要不分心、老實地走在自己的路上就好。

練習當一個有骨氣、有底氣的明白人，但記得，不要戳破、不要批評，因爲至少不要得罪人。

人脈、資源，都不在別人身上，而是藏在我們自己身上；唯有我們自己變得很好、很棒、很厲害，才能交到很好、很棒、很厲害的朋友，這世上的資源也才會向我們身上靠攏，這也是自然的規律。

【每個相遇都是緣分，更是福分】03

與善人同行，人脈交往的最高智慧。

在某些團體中，我們永遠不能說眞話，同樣地也永遠聽不到眞話。

縱使這些團體大力標榜著公益，也不代表裡面成員間的互動是眞誠的。

或許我們使出渾身解數、吃過無數虧、跌進無數坑後，會慢慢掌握了一些些人際互動的潛規則。

然而，哪怕最後我們游刃有餘，能夠微妙地操控人心，贏得很多利益，我們依舊不會感受到溫暖幸福。

很簡單，因爲這跟我們眞實的善良本心不符合。

在經過很多年後回頭看，依舊只是一片空無，再熱鬧的起鬨吹捧、喝酒應酬，都難掩內心的空虛、空洞。

甚至我們會後悔浪費了那麼多的時間、金錢、精力在這些無效社交上。

說這些，不是要我們立刻離開這類的團體，而是要產生自我生命的洞見。

凡事只要看透、看破就好，不要說破，該笑的時候依舊跟著笑，該跟著鼓掌就依舊跟著鼓掌。

人生很多時候本來就是一場戲，把戲演好，也是某種本分。

只要我們自己不要入戲太深，以爲別人眞的把我們當一回事，以爲大家眞的是掏心掏肺、忠肝義膽的姐妹兄弟。

出社會後，最難也最難得的是，能夠保持清醒看清楚什麼是眞的、什麼是假的，然後輕鬆、寬容、面帶微笑地看著每一個人。

在眞實的關係中，珍惜、惜福感恩；在虛假的關係中，禮貌、隨和應對，至少不要得罪人。

永遠不要想要討好所有人、應付所有人，我們的時間、金錢、精力眞的很有限。慢慢地、悄無動靜地將心力聚攏到眞實的關係中，擁有同樣善良本心的人，會有同樣的氣場與頻率，自然也會慢慢地走到了一起。

與善人同行，一語道破了人脈交往的最高智慧。

跟惡人同行，哪怕賺到不少錢，我們的心地會沾染惡緣印記，會感受到不舒服、內疚、不安，會吸引惡緣的人事物，自然也就留不住錢。

這就是所謂的「錢怎麼來就怎麼去」。

相反地，與善人同行，哪怕只賺到一些錢，我們的心地會熏習善緣印記，會感受到舒服、滿足、心安，會吸引善緣的人事物，自然會留得住錢、越賺越有錢。

是否正在與善人同行，其實我們內心都知道，我們內心充滿向善力量的太陽都知道，那是種隱微卻眞實不虛的溫暖、成就、平安，是種心量逐漸光明遠大的自在感受。

最後我們會體悟到，**人與人相處的最高境界，不是阿諛奉承、不是杯觥交錯，而是自在。**

與一群眞實的人自在地一起笑，自在地一起哭，自在地一起玩耍，然後一起長期幹點有意思、有價値、有意義的好事。

練習成爲一個長期價値主義者，讓自己的每一天都能越來越眞實，都能夠有一點點小小的意義，與誰同行是第一步，也是最最重要的一步。

【每個相遇都是緣分，更是福分】04

跟人「討」，就沒「人情」。

以前當律師辦案件時，常聽當事人說：「我爲他付出了那麼多，他怎麼可以這樣子對待我。」

這個金句可以套用在很多案件類型上，包含離婚案件、投資合夥案件、勞資糾紛案件等等。

之所以可以適用在這麼多人生故事，是因爲這是普遍的人性。

一個盲人非常依賴柺杖，柺杖幫助了他很多很多，然而，當有一天盲人治好雙眼後，也會第一時間拋棄柺杖的。

人性的潛規則是，我們爲對方所做的付出，就只是付出而已，不等同於對方會等比例回報我們。

當初他們需要我們幫忙時的態度，是眞的；當問題解決了，忘記當初落魄需要被幫忙時的態度，也是眞的。

時間會過去，好的會過去，壞的也會過去，一切都會過去的。

當然包含了我們爲對方所做的一切。

要人心存感恩已經很難了，更何況是眞的付諸行動來回報我們。

講這些，不是要我們對於人性黑暗面抱持徹底悲觀的態度，而是要看透這樣的人性偏誤。

看透了，我們就比較能夠釋然了，一切都是自然的現象。

人脈存摺本質上就是一種幻覺，人與人之間的互動，不是存款、利息、提款這麼簡單，付出與回報幾乎毫無關聯。

所以不要跟人性對著幹、硬著來，要理解人性，順應人性。

俗話說的好，「跟人討，就沒人情（臺語）。」

練習幫助每一個有緣相遇的人，幫過了最好就忘了，繼續去幫助下一個人就好。

我們不是傻，而是大智慧，我們知道**在幫助別人的過程中，我們自己永遠是第一個感受到幸福快樂的那個人**。

更重要的是，在持續幫助別人的過程中，我們持續提升了自己解決問題的能力，我們會逐漸成長、成熟、實力豐厚。

這時，我們會意外發現，當我們變得越來越強大，身邊懂得惜福感恩、感恩圖報的人也變得越來越多了，這也是自然的人性。

永遠記得，自己持續變強再變強，是最最重要的；這時我們也才能以更高生命維度去理解、寬容、悲憫身旁每一個人。

【每個相遇都是緣分，更是福分】05

放生白目的人，提升有限生命中的無限善良報酬率。

從我二十四歲成為執業律師到現在近二十年了，我接受過難以計數的法律諮詢。很多時候我光從一個人來諮詢時的心態，就可以隱約猜測到這個案件最後的結果、後果。

雖然一般人認為法律案件的勝敗取決於眞相，但從律師專業的角度來看，所謂的眞相在案發的瞬間就消失了。

法院實務審判的眞相，不是上帝視角的絕對客觀眞相，而是透過人證、物證在法庭中堆疊，經過訴訟法律程序過濾呈現後，法官視角的相對主觀眞相。

白話文就是，不見得是你認為自己有理、有證據就一定會贏啦。

因為這些道理、這些證據在經由訴訟程序這套遊戲規則過濾呈現後，絕對跟你想像的不一樣。

從某種程度來說，這樣法律實務封閉的高牆、人民認知的高度落差，就是專業律師存在的必要原因之一。

但有一些在訴訟實務上的專業名詞、程序、眉角，眞的也很難三言兩語跟一般民眾講清楚。

簡單講，就是單純的法律諮詢，對於案件處理是有局限性的。

所以該寫書狀就要寫書狀，該開庭就要開庭，該好好委任律師處理就好好委任律師。

以前很年輕、是一位菜鳥律師時，很熱血也缺案件，所以對於難得有當事人來諮詢，我都會傾盡全力回覆。

後來慢慢明白，有些當事人盡全力搜尋各種免費法律諮詢管道，包含區公所、議員服務處、法律扶助基金會、像我一樣的菜鳥律師等，然後自以爲已經蒐集完足夠「答案」後，就準備自己上場打官司……。

這就像上網查詢自己的病症、口頭諮詢過醫生後，就打算自己動刀開痔瘡、割盲腸一樣。

打官司，是人生一場性命攸關的重大手術。

「人生在世絕對不能省的錢，就是律師委任費。」——韓劇《黑暗榮耀》。

我遇過更白目的當事人，是那種透過誰誰誰介紹來諮詢，因爲是家人親戚的朋友的關係，礙於人情不好意思，所以往往會破例接受他們不分晝夜、假日糾纏、海量的法律諮詢，重點是免費。

然後，最後的最後，他們依舊找上了他們家人的親戚的朋友的律師處理，甚至還會把那位律師寫的訴訟狀傳過來，希望我幫他們審閱。

眞的眼白的部分已經多到連瞳孔都看不見了。

不用多說，從無數眞實經驗證實，這類省錢、白目的當事人最後案件的結局都不好，更常見的是把小事搞到不可收拾的地步。

一次次的教訓、磨練後，我慢慢練習放生這類當事人，隨著社會歷練越多、洞察能力越強，放生當事人就越早、越多、越自在。

有趣的是，後來我的案件不但沒有變少，反而卻意外變得越來越多，案件當事人的品質也越來越好。

因爲在我養成放生那些無緣當事人的能力、勇氣後，我才能全心全力把時間、精力花在這些眞正有緣當事人的案件上。

自然案件最後的結果會比較好，自然轉介紹的案件也就比較多。

人對了，案件就對了，勝訴的結果也對了。

一切紛爭都從人的心念開始，一切也都因爲人自己的心念得到本應得到的結局。

永遠不要把別人當笨蛋，貪小便宜、占別人便宜是一種隱微的惡念習性，從別人身上得來不應得的一切，終究會以難以預測的方式連本帶利賠回去。

我們的生命很有限，我們不可能無條件、無區別地幫助所有人，我們的善良需要有好的投資報酬率。

報酬率，不單純是指別人給我們的回報，而是這個善緣帶給我們彼此生命的感受與影響。

當我們遇到一個能夠幫助別人的緣分時，要練習從過程中去感受自己的心，我們感受到的是溫暖、幸福、成就感，還是感受到被占便宜、被欺騙、甚至被羞辱？

這會讓我們體悟到這個緣分是一個善緣，還是惡緣、孽緣。

只有善緣會帶來無限可能的福報，惡緣只會帶來不可預測的業障。

永遠不要拿石頭砸自己的腳，爲自己的生命帶入任何負面的、甚至危險的人事物。

現在的我已經不打官司，不靠法律訴訟維生了，所以我更能放生、放下那些白目人，我感受到更多的自由與自在了。

我學了那麼多年的法律專業，累積了一身的好武藝，只會也只應該用來幫助眞正值得被幫助的人。

我只是不斷練習讓自己的每一天有一點點小小的意義，一天又一天累積小小的善緣，感受、領受一點一滴的福報力量。

就從放生白目的人開始，就從慢慢提升有限生命中的無限善良報酬率開始。

【每個相遇都是緣分，更是福分】06

好人不一定好相處，好相處不一定是好人。

好人，不一定就好相處啊。

每個人都有自己的毛病，好人當然也不例外。

我認識一些好人，眞的很不好相處，往往我的忍耐極限大約只有幾天、甚至幾小時。

無論剛開始怎麼提醒自己要忍耐，要記得他的好，但時間一到，被對方的自目言行、逾矩試探、自以爲是撩撥招惹後，我的火就上來了、不耐煩了，想趕快遠離、冷卻。

好人，確實做了很多好事，但跟他好不好相處，沒半毛錢關係。

有些人做了好事後，嘴上說自己很低調，卻總是低調到全世界都知道。

有些人做了好事後，自我感覺越來越良好，開始喜歡叨念說教，到處拿著自己的鞋給全世界的人穿。

有些人做了好事後，慢慢覺得自己超凡入聖，甚至已經開悟了，卻完全經不起任何人的建議、批評，就像眼裡入了沙子一樣痛苦。

好人，做的那些好事都是眞的，但如果以爲自己從此就是一個很不一樣的人，就是假的、幻相、愚癡了。

人好不好相處，是一個人的修養，是必須經過無數自我克制、痛苦忍耐、檢討反省，持續點滴修正、修練的。

有時，這遠比做一件好事幫助別人還難。

好人，不一定就好相處；好相處的，也不一定就是好人。剛出社會、歷練不深的人，常常以爲對方很親切、滿臉笑容就是好人，也因此陷入某種誤解、掉入某種陷阱，等吃過好幾次虧後，就會明白好相處跟是不是好人沒有什麼關係，甚至對於太過熱情的人往往要多加注意。

當然，一個心好也好相處的人還是有的，這更是我們對於自己的生命期許。人活一輩子，本來就有很多功課，讓自己內在的起心動念越來越純善，外在的言行舉止、與人相處越來越圓融，成爲一個平凡簡單的好人，這是最難也最難得的生命修行。

透過一次次、一天天持續練習，讓自己能夠存好心、說好話、做好事，放過自己，更放過別人，讓每個人都能夠用自己的生命節奏好好活著、好好呼吸就好。

這就是一件眞正的大好事，對我們自己、對每一個有緣相遇的人都是。

最後，我深深體悟，**有些人還是保持距離就好，保持距離有一種難以言喻的美感。**

【每個相遇都是緣分，更是福分】07

善待每個相遇的人，累積無形的護持力量。

別人家的祖先有可能保佑我們嗎？

很多人對人好，是有選擇性的，只對那些看起來將來可能對他們有利的、有用的人好。

這樣的選擇不能說是錯，是很自然的人性，但缺乏智慧。

一個人有用沒用，都只是一個人而已，更何況這個人最後能否如我們所願地幫到我們，還有很多不確定因素。

在眞實的生命經驗中，我們原以爲會幫到我們的那些有錢有勢的大人物，到最後不一定眞的會幫到我們。

往往反而是那些我們毫無預期的平凡小人物，看似不起眼的平凡善緣幫了我們難以想像的大忙。

甚至，我們會直覺感受到這一切善緣運轉的背後，有著不可思議的無形力量。

這樣難以言喻的直覺感受，才是眞實的生命運轉，更是智慧。

人活著時是一個什麼樣的人，死了以後就是一個什麼樣的鬼，這是很簡單的道理。

只要是人，都會特別疼愛、照顧自己的家人、孩子、孫子，這是自然的人性。

只要是鬼，也會特別保佑自己的子孫，這是自然的鬼性。

當有一個人對我們家的孩子特別好、特別照顧，我們內心會有什麼感受，會不會想要找機會好好回報人家的恩情？

同樣的道理，當我們對別人家的子孫幫忙了很多、照顧了很久，這些人的祖先會感受到這股溫暖的善意與恩澤，自然會想在無形中默默地保佑著我們。

這就是爲什麼有些人看似樸拙、帶點憨氣、總是不計較地去幫助別人，從旁人的角度來看他們很傻，但卻總是傻人有傻福，總能有驚無險地度過一個個人生的難關，甚至賺到難以想像的金錢財富。

絕大多數人的聰明才智，都只是有形的小聰明，這只能作用於有限的、肉眼所見的人事物。

只有極少數的人，懂得並願意去累積無形的善緣福報，而善緣福報的力量不只能運作在陽間，還能超越陰陽界，吸引靈界眾生來報答善待他們子孫的恩情，並在冥冥之中護佑著這些善人。

很多人去拜拜祈求神明庇佑，在供桌上擺著澎湃的供品，在金爐裡燒著成堆的金紙，希望神明讓他們賺大錢、事事順利。

這樣眞的有用嗎？

如果一位神靈會因爲澎湃的供品、成堆的金紙就庇佑你，那肯定不是眞神，至於是什麼就不好說了。

何況在靈界中，這些供品、金紙眞的能發揮作用嗎？眞正能夠通行陰陽界、天界的通用貨幣，就是無形的福報，能夠決定我們自身的心靈頻率、能量大小、甚至往生的去處與位階。**福報，才是我們與靈界神明能否同頻感應、接收善念靈感的核心能量。**

簡單講，神明只會庇佑一個心存善念的簡單的好人。否則神明如果庇佑一個搶劫、綁架、詐騙犯作奸犯科平安順利，這像話嗎？

我們會爲了家人、孩子、孫子，到廟宇捐錢安太歲、點光明燈、考試順利燈、平安燈，有的還會用子孫的名字捐贈去做善事。

是人都想要爲自己的孩子添福添壽，是鬼也都會想要爲自己的子孫添福添壽。所以在靈界的祖先們自然會想要借助保佑陽間有大福報的人一起去做善事，來間接爲自己陽世的子孫們添福添壽。

所以不只是幫助別人的時候，別人的祖先會在無形中保佑我們；當我們累積的善緣福報達到某個臨界點後，會吸引光明有力的神明、靈界眾生護持我們，共同完成、圓滿更大的善願。

這世上任何一個人，永遠不是孤單的一個人，其背後都有著累世累代無盡的祖先們，無論我們跟對方結了一個善緣或惡緣，福報與業障的力量也都是無限大的。

想要累積一個個冤親債主或是報恩護持的功德主，取決於我們自己能否將一個個微弱善的起心動念去付諸行動。

練習善待每一個有緣相遇的人，無論貧富貴賤、高矮胖瘦，我們會在一個個活生生的人身上親眼見證善緣的無限可能性。

因爲我們走到哪裡、做什麼事情，永遠都會有無邊無量的神明與無形眾生護佑、護持著我們。

PART 4

人與人之間的連結，在於善解

【人與人之間的連結，在於善解】01

願意和解，才是真正的強者。

大家知道十二星座，哪一個星座最好勝、好強、好面子？

很多會說是「獅子座」。

我說，不對，不是獅子座，而是所有星座的人都好勝、好強、好面子。

誰不想贏呢？又有誰會喜歡輸的感覺呢？

任何人在學校、出社會剛起步，要站穩腳步時，總是要想辦法贏的。

考試要贏、找工作要贏、上班表現評比要贏、業績要贏，從某種程度來說，人生的底層邏輯就是競爭、更是輸贏。

想要贏，要付出很大的努力，要承受很大的壓力，很難。

但，人生最難的不是贏。

想要贏過別人，只要全力以赴，往死裡打，擊倒對手就好。

但有時候贏，不是贏，只是表面上贏，卻往往也暗藏了下一次鬥爭與災難的禍根。

在輸贏的層次上，很多根本性的問題無法解決，更大的局面也打不開。

所以到達一定程度後，只會贏過別人，是不夠的，也是危險的。

此外，深究鬥爭勝利後的內在情緒，其實，我們自己並不一定快樂。

因爲，贏過別人、把別人踩在腳底下，不是我們深層的本質心性。

看著失敗、落魄的對手，我們難以感受到幸福。

人生最難的不是贏，也不是輸，這世上最難也最難得的，是願意開口和解的人。

但開這個口，眞的很難，內心那不爽的情緒、不想輸的情緒持續沸騰著，眞的很難。

我們的心不斷上演著一齣又一齣的內心戲。

每當我遇到這樣的自我掙扎，總是祈求神明給我超越個人的力量，引領我超越內心的糾結、對抗。

後來我慢慢體悟到，這一切跟別人說什麼、做什麼無關，只跟我自己的心有關。

答案，我們內心其實都知道，在輸贏勝敗的低維層次無解，我們必須破冰、和解才能找到出路。

要放下身段、放下自我，開口和解，眞的很難、很煎熬，遠比簡單暴力地贏還難，所以這是眞正的強者才能做到的，因爲他戰勝了自私的自我。

「原來，能夠開口和解的人，才是眞正的強者啊。」

當我得到這個結論時，我內心充滿思維破框後的豁然開朗、力量充滿。

願意和解的人表面上是示弱，實質上也願意讓步，但其實，他並沒有輸，也沒有贏，而是大家一起贏。

有時，當我們開口和解的瞬間，會發現原來對方早已抱有和解的想法，也只是掙扎、矛盾開不了口。

我們的開口和解，消融了障礙、隔閡，一切顯得自然無礙、水到渠成。

我們彼此內心會有股難以言喻的解脫感、輕鬆感。

這時，是超越輸贏勝敗的，我們彼此會在內心枷鎖解開後，感受到一股淡淡溫暖的幸福。

因爲，與人爲善的祥和與寧靜，才是我們彼此深層的、共通的本質心性。

想要做成更大的好事，必須超越輸贏勝敗的低層思維，進入和解、圓滿、共好的高層智慧。

這跟外在的一切無關，只跟我們自己的心有關。

心的強大，才是眞正的強大。

【人與人之間的連結，在於善解】02

愛一個有承擔責任勇氣與能力的人。

你拚命追求的女孩，等眞的在一起後，一定會變得不一樣；你交往的女朋友，等正式結婚後，一定會變得不一樣；你新婚的老婆，等生了小孩後，一定會變得不一樣。

有些人總是抱怨當初那個溫柔可愛、婀娜多姿的女孩去哪裡了，怎麼一切都變得很不一樣了。

然而，他們卻也沒有反問過自己，是否跟當初拚命追求時的勤奮、用心、無微不至的疼惜一樣從未改變。

人一生的心境本來就會隨著年紀、歷練、彼此身分的改變而改變，不可能不改變的。

這跟喜不喜歡、愛不愛、願意不願意沒有關係。

甚至，累積一定生命閱歷後會體悟，情侶、夫妻、伴侶所謂的感覺啦、所謂的愛啦，都具有某種程度的虛幻不實、難以捉摸、變幻莫測。

多年前，一個男大生跟我說，他非常非常愛她的女朋友，山盟海誓、至死不渝，會愛她一輩子、照顧她一輩子。

後來，這個年輕貌美、身材姣好的大三女孩，參加了當年八仙樂園的比基尼派對，遭遇塵爆事故，全身超過了六十%的皮膚二級燙傷。

這位男同學沒撐多久，大學沒畢業就分手了。

這是極端的例子，不用苛責誰對誰錯，這樣生命責任的承擔太難、太沉重。其實絕大多數人所謂的愛情，都有自己難以察覺的前提條件，一旦某些條件改變、破壞後，一切看似穩固卻虛無飄渺的戀情就會變質。

一個人眞正的品味，不是展現在身上穿的衣服、腳下踩的鞋子、手上戴的名錶、提的包包，而是挑選另一半的眼光。

這取決於一個人內心深處的價值觀，往往也決定了自己一生的命運。多少青春歲月的糟蹋，多少的人財兩失，多少的家破人亡，都是從挑選錯了一個伴侶、嫁娶錯了一個人開始。

如果目前我們的感情生活、婚姻生活、養育子女的家庭生活歲月靜好，眞的，好好感恩彼此的付出與犧牲。

這一切不是理所當然的，是我們彼此有著難以想像深厚的善緣福報。從惜福感恩的生命視角，我們會看到另一半的很多亮點，可愛多了、帥氣多了、性感多了。

剛提到的那位女孩，經過多次植皮手術、多年復健後，慢慢回歸平常的生活。這麼多年來，從未離棄、從未放棄的就是她的父親、母親。

父母對子女的愛，絕非「我愛你」三個字可以承載的；父母經歷的痛，更絕非任何文字可以形容的。

從小到大，我從未聽過阿爸阿母親口跟我說過一句「我愛你」；我自己也是，但我心裡明白，從未懷疑。

我知道，阿爸阿母爲了我整整活了一輩子。

當我們能夠練習洞察父母爲我們所做的一切，其實是擔負了難以想像的生命責任，進而能夠無盡感念父母的恩情；

我們的心境會逐漸轉化，挑選另一半的眼光會盈滿慈悲與智慧，會穿透一切表面虛幻的條件，直指人心。

一個人對你好，無關緊要，因爲追你的時候肯定會對你好，但在一起、結婚、生小孩後，還會對你一樣好嗎？哪怕律師見證有效嗎？

一個人對你好，很好，但只是最基本的，加個五分就好。

一個人最珍貴的品質，是承擔責任的勇氣與能力。

扛住，就是本事。

責任的承受程度，代表一個人的成熟程度，就從觀察他是不是一個懂得回報父母恩情，能夠不抱怨地、好好地孝養父母開始。

這樣的人是有大福報的，能夠挑選這樣的人更是有大福報的，這整個家的祖父母、父母、孩子都有福了。

這就是「積善之『家』，必有餘慶」的智慧眞義與無盡的福報力量。

【人與人之間的連結，在於善解】03

感受活生生的人，用生命聽見另一個生命。

你會笑，不是因爲他是你兒子；你會哭，不是因爲她是你母親，不是因爲他們是你的家人，而是你們是一體的。

兒子、女兒、父親、母親、家人，都只是一個名詞，不是眞實的生命。

活在名詞中的人，很重視名分、位置、職稱、責任、義務。

你爲人父母，就應該怎麼怎麼樣；你爲人子女，就應該怎麼怎麼樣；你爲人媳婦，就應該怎麼怎麼樣；你嫁進我們家，就是我們陳家、李家、王家的人了，就應該怎麼怎麼樣。

這些名詞，只是人類創造的社會文化產物，並非眞實，只是相對的、變化無常的。

在家是父母，回到自己爸媽家就變成了子女；出門上班就成了老闆、員工；見到長輩就成了晚輩，見到晚輩就成了長輩；離婚後，跟前夫前妻、公公婆婆往往就變成了路人，甚至有遺存心中的憤怒與傷痕。

一家人最重要的不是這些名分、輩分，而是我們彼此的心有沒有在一起，想到彼此時，內心有沒有盈滿溫暖幸福、爲他們而戰的動力，這是生命一體連結的光明力量。

活在生命的一體連結中，才是唯一眞實的，我們如果硬要給祂一個名詞，那就是愛、恩典、慈悲、佛性、神性。

我稱祂是「內心的太陽」。

無論貧富貴賤、高矮胖瘦，我們每個人內心都有著一顆充滿向善力量的太陽，會讓我們感受到被愛，也能夠去愛人的無限潛能。

那些在家裡就活在名詞之中的人，會苛刻要求別人要盡到名分輩分的責任義務，白話文就是「情緒勒索」。

這些人出了門在公司場合，也是只關注職稱、位置，他們認爲只要抬頭夠大，說什麼、做什麼都可以，下面的人都有義務要忍受。

他們最常掛在嘴上的就是：「我是你爸，你就應該聽我的，就應該怎麼怎麼樣……。」、「我是董事長，你們就應該聽我的，就應該怎麼怎麼樣……。」

他們與家人、下屬、員工早已離心離德，心已經不在一起很久了。

他們其實內心隱微地知道好像哪裡不對勁，卻又說不上來，好像找不到著力點，好像每個人都有在聽他們說話，又好像沒有聽進去心裡。

想要改變，需要善緣累積的福報力量，才能看見自我生命的框架枷鎖，意思就是看見自己很久以來的毛病。

光是這個看見，就已經是很大的福報了。

練習放下那些抬頭、位置的假名幻相，感受身旁每一個活生生的人，用開放、柔軟、溫暖的心聽見一個人內心眞實的聲音。

最後我們會體悟，一輩子能夠進入一個人的生命之中，活在一個人的心中，是這世上最難也最難得的緣分。

這是一種生命影響生命的過程，是一種生命連結的一體感受，同喜同悲，甚至是無緣大慈、同體大悲的開闊心境。

更重要的是，放下那些毛病後，我們會感受到很久沒有的輕鬆自在，所有身邊的家人、朋友也會感到輕鬆自在，空氣清新了，春風也輕拂了起來。

讓每個人用自己的生命節奏，好好呼吸、好好活著就好，這是智慧，更是福報。

【人與人之間的連結，在於善解】04

德要配位，笑笑帶過也是一種慈悲。

出社會很多年了，也累積了不少的資源，或許金錢、或許人脈關係、或許影響力。

看到很多像我當年一樣沒有背景、沒有人脈、沒有錢的後輩，也總會想要拉他們一把，這是很自然的人之常情。

然而，多年來的實踐經驗，我發現自己有時會把好事搞砸。

以前打線上遊戲，需要努力打怪練等級，到了一定等級後，才能穿上同樣等級的裝備、拿上同樣等級的武器。

我常犯的錯誤就是，總是心軟回應了他們的急於成功，給了他們超越等級的資源，然後……就出包了。

最後，只能由我自己去收拾爛攤子、擦屁股。

雖然出包後，大部分年輕後輩也會立刻說「對不起」，當然也有一部分會找藉口推卸責任，甚至講一些五四三的屁話。

縱使他們有十足道歉的誠意，但，出社會後，真的有很多事情不是說一句「對不起」可以解決的。

在學生時代，學校教育的大方向是寬容犯錯的學生，運用機會教育讓學生學習成長，畢竟學生、學生，就是學習人生啊。

但出社會後，沒有人有義務耐心教育你，更不可能輕易寬容你的犯錯，何況很多錯誤是難以挽救、彌補的。

社會是現實的，現實是殘酷的。

沒有人任何家世背景的我，背後沒有富爸爸可以靠的我，出社會後的每時每刻都是戒之、慎之、恐之、懼之，因爲我沒有任何犯錯的本錢，沒有人會給我第二次機會。

出再大的事，我都只能自己扛。

所以「戒愼恐懼」四個字，是我做任何事情的基本態度，引領我一路走到了今天。

我不怪他們，雖然他們承受責任的態度與能力遠不及於自己嘴上所說的，但終究是我自己選擇了相信他們。

終究是我自己的錯誤，這讓我學到了好幾課，讓我對於戒愼恐懼四個字的智慧體悟更深。

識人，果然是一門大學問啊。

現在的我，依舊會願意幫助年輕人，只是會花更長時間觀察、衡量、琢磨該給到什麼等級的資源。

該給灰裝就給灰裝，該給金裝再給金裝，遇到能穿得上紫裝的大物，就好好給一套頂級紫裝。

既不揠苗助長，也不急功近利，慢慢來，真的比較快。

戒慎恐懼，對信任我的人、對我自己、對年輕人都好。

現在還是會遇到很多急於成功的年輕人來找我，當我洞察他們的善心、學習心、責任心不足時，也不說破，只會笑笑帶過。

我慢慢體悟到，德要配位的智慧，笑笑帶過也是一種慈悲，時間會是我們最好的朋友。

【人與人之間的連結，在於善解】05

放下期待與控制，別人沒有義務滿足我們。

有時候我們討厭一個人，只是因爲那個人沒有滿足我們的需求，說實話，他並沒有做錯什麼，而他本來就沒有義務滿足我們。

我們很容易對一個人有所期待，可能期待對方說些什麼、做些什麼，當對方沒有如我們所願地去說、去做，我們也很容易心生不滿、惱怒。

尤其當我們幫助了對方，對方卻默不吭聲、若無其事，不知感恩、不懂回報，有時還講些有的沒的白目話，更讓我們難以接受、憤怒爆炸。

人心，是這世上最複雜的東西，遠比宇宙天體運行、量子力學理論更難以掌握。

冀望我們自己做些什麼去控制別人，這本質上就是一種幻相，而當別人沒有按照我們設定的劇本走時，我們內心的負面情緒也是幻相。

我們從一開始的幻相出發，然後卡住、失落、責怪、氣憤；其實，從頭到尾都是幻相。

因爲別人不如我們所願地活著，是自然的，他們本來如是，本來就不是爲了滿足我們而活著。

哪怕我們是伸出援手幫助別人，其實在幫助別人過後，一切都過去了，再多出來的一念想望，也是幻相。

幻相，不是說這一切感受、情緒、念頭不存在，而是說這一切都是虛幻無常的，是一直在持續變化的。

有時，只要微調一些生命視角，一切就都變得不一樣了。

心理學中，有一個理論叫做「空船效應」。

當我們在湖泊中，坐在一艘小船裡，悠閒享受山林風景時，對面有一艘船慢慢地駛向我們，直直地撞上了我們的船。

這時我們會動怒，覺得這是對方的錯，想要找對方理論。

結果，當我們發現那艘船裡空無一人，是一艘空船。

我們的怒氣會緩和許多，因爲沒有可以怪罪的人，頂多有些自認倒楣的無奈。

我們的情緒反應，不全然是事件本身決定的，很大程度取決於我們對於事件的看法。

當我們不再揪出肇事者、想把責任歸到某個人身上，明白這世界上很多事情的本質就是無可控制、無可避免、無可奈何，我們就微調了生命視角，一個盈滿智慧福報的生命視角。

本來就沒有人會如我們所願地活著，本來人生不如意就十之八九，一切本來如是，不可控制。

我們的善念、善語、善行，也是這樣，在我們幫助完別人後，它們都有自己活潑潑的生命力量，非我們能夠掌控，但一切也將遵循著種瓜得瓜、種豆得豆、種善得善的自然規律。

放下緊抓的期待、算計、控制，放下無謂設定的敵人，放下一切無比沉重的重擔，把不可控制的一切交給老天、交給神、交給自然，我們會輕鬆很多、自在很多、老實很多。

沒有分心去怪罪別人，就能回歸自心、自身，一天一天老實做事，做好事、做實事。

只有輕鬆自在、平穩簡單、老實做事的心境，那股在所有現象背後的自然力量才會無礙流動，善緣福報也才會無礙顯化。

願意微調這五%的生命視角，好好做一個老實人，就是難得珍貴的善緣福報了。

【人與人之間的連結，在於善解】06

看懂臉色也願意看臉色，才是真本事。

沒有人喜歡看人臉色做事，但出社會後，就是得學會看得懂人的臉色，否則就是不長眼，肯定會撞到牆、受到教訓。

俗話說：「不打勤，不打懶，專打不長眼。」

也許，你會認爲，只要把事做好，其他的都不想管，這樣的想法不能說是錯，只是不夠成熟。

只要把事做好，什麼都不用管，代表身處在公司組織、社會的底層；別人對你的期待，就是把事做好就好，少說話、也不用說話，因爲也沒什麼人在意，這就是人微言輕的道理。

有趣的是，反而是這類人特別喜歡大鳴大放，想什麼就說什麼，有時聽來或許還頭頭是道，但更多時候是得罪人而不自知。

講好聽，是直率；講難聽，就是白目。

不看人臉色說話，心裡想什麼就說什麼；講到底，其實只是管不住自己這張嘴而已。

我幾乎沒有看過管不住自己嘴的人，同時又是一個很能做事、成事的人。

道理很簡單，看懂別人的臉色，看懂什麼時候該說話、該說什麼話，是包含在會不會做事的範疇之中，更是能否成事的關鍵。

在社會上做事，不太可能只是自己一個人，是必須與很多人相處、溝通、協調，怎麼可能不在意別人的臉色、感受。

仔細觀察，這類有話直說、自認一根腸子通到底的人，講出來的話往往會直直地刺傷別人，否則幹麼要直說呢？

每當聽到這樣的開場白：「有些話不知道該不該說？」、「我是爲你好、爲公司好，所以必須說出來……。」我就知道有人要得罪人了，要倒楣了。

絕大多數的時候，這類人講的都是些無法改變現狀的建議、抱怨、批評；講久了會形成一種負能量，讓人不想靠近，如果還針對特定人，通常是針對主管、老闆，他們聽到了只會很不爽。

那些在上位者的胸懷，絕大多數是裝出來的，眞的不要太認眞，道貌岸然才是眞實常態，他們也只是想聽好聽話、不想被批評的平凡人。

如果你以爲他們嘴上說沒關係就眞的沒關係的話，只代表你的社會閱歷太淺了，顯得幼稚又天眞。

當我們剛出社會、剛入公司，人微言輕時，要練習管住自己的嘴，多做事、少說話，練習壞的不說、只在眞話裡挑好的說，也就是「只說眞話中的好話」。

更重要的是，要能看懂別人的臉色，看穿別人嘴上說的那些客套話、場面話。

在社會上，尤其越高層級，通常話都不會明著講，你必須聽得懂話中之話、弦外之音。

而最高段的，光是從不經意的一個表情、一個眼神、不小心說漏嘴的隻言片語，就能讀懂別人的心，這是很多大內高手的成功祕技。

想要不用看人臉色，就要有眞本事；但當我們眞的有本事後，其實就更懂得看人臉色。

因爲，我們終究會明白，能夠看懂別人的臉色，願意看懂別人的臉色，是一個人很大的本事。

不用著急、不用勉強自己，當我們踢到過石頭、撞過牆後，就會體會看人臉色的教訓與價值。

聰明人則是懂得繞過頭破血流，趁早開始練習這堂社會學的新手村訓練。

直率與白目往往只有一線之隔，失敗與成功也可能只是一個臉色看不看得懂的差距，一個可能決定你一生命運的差距。

有話直說，很少是好話，頂多是自以爲的「爲別人好」，聽了只會讓人不舒服。

看人臉色，不是阿諛奉承、卑躬屈膝，而是願意把別人放在心上。

願意練習挑「眞話中的好話」說，願意讓身旁的人感到舒服、受到鼓勵、盈滿信心與希望，這是廣結善緣的智慧，更是一個人的修養與福報。

【人與人之間的連結，在於善解】07

善緣，就是願意把彼此放在心上。

我有一個從二十幾歲到現在的結拜兄弟會——鹿鳴會，總共有十四位結拜兄弟，大哥們都大我十幾二十歲，我年紀最小，所以排行第十四。

每個月我們十四個兄弟輪流當爐主請客聚餐。

通常我們會挑選可以一大桌坐下二十人、或分成兩桌各坐十人的餐廳。

這樣每次爐主還可以另外邀請六位來賓一起來參加。

因爲大哥們都是在各行各業發展很好的實業家、創投家、建築師、醫師、律師，所以邀請來的貴賓往往也是有實力的社會人脈，大家趁這樣的機會彼此廣結善緣。

因此，我們兄弟會十幾年來挑選的餐廳檔次都很高，這其中當然包含了爐主的心意、面子、排場。

在很年輕時，我也一樣會邀請在心中很重要的社會人脈來參加。

到了近幾年，我的心境慢慢轉化了，邀請來參加的貴賓也改變了。

現在的我，只邀請我的家人，也就是我的三位親姐姐、姐夫、老婆、女兒參加，當然也包含了我的結拜大哥們。

在我心中，這不再是應酬、拓展商機的場合，而是一場家人間的聚餐，純粹、自在。

出社會二十多年了，我認識的老闆很多，每個人每天都有吃不完的應酬飯局，無論我請再高檔的料理，對他們來說都不算稀奇，甚至是身體的負擔。

記得二十幾歲時，參加一場在豪宅舉辦的私廚無菜單料理聚會，廚師是米其林餐廳的主廚，喝的是一瓶破萬的拉菲紅酒。

當天晚上，我一個人幾乎吃了三人份，因爲我左邊的大姐身體過敏不吃生食、海鮮，右邊的大哥身體三高不吃老饕牛排。

他們只說了一句：「峰源，你還年輕，多吃一些。」

我毫不客氣全吃下肚，超能吃的。

我也過四十歲了，慢慢明白有些美食想吃但要少吃、要忌口，也慢慢把菜夾給隔壁的年輕小夥子，然後也補上一句：「你還年輕，多吃一些。」

所以現在我吃飯更重視的不是吃多好、多高檔，最重要的是，跟誰一起吃？

很多人在社會上請客吃飯，大部分會跟我年輕時一樣，希望透過高檔聚餐拓展人脈、開拓商機。

很少人願意把相同的預算用來請自己的家人好好吃頓飯，因爲看不出具體可計算的投資報酬率。

所謂的家人，就是你對他們好也是家人，沒對他們好也是家人，甚至對他們不好也還是家人。

所以大多數人自然會把預算花在能夠帶來成交、金錢報酬的人脈關係上。這不是對或錯，只是一種人性的自然現象，一種缺乏智慧的生命視角。人脈存摺的本質是一種幻相，花了無數時間、金錢、身體健康去應酬、杯觥交錯、送往迎來換來的人脈，到底是眞的還是假的？人世間啊，錦上添花的多，雪中送炭的少，人走茶涼是常態，沒落井下石就很感恩了。

商場上的人際往來，是有前提條件的，很脆弱卻很簡單，硬實力幾乎是唯一的關鍵。

當你是一個咖，自然不缺朋友；當你不是一個咖，喝死了也不會有朋友。所以講到底，不需要浪費太多時間、金錢、身體健康在虛幻的人脈上。

大家有發現家人相處、聚餐時，有一個極爲難得珍貴的氛圍，往往不被人注意到，因爲往往被視爲理所當然，那就是「自在」兩個字。

家人團聚吃飯時，不需要算計、不需要計畫、不需要衣著行頭，吃什麼都好，只要家人在一起就好，這就是「自在」的氛圍。

帶家人吃大餐是一家人，帶家人吃小餐也還是一家人，就是這樣才更應該毫無保留地對自己的家人好。

因爲有一天我們會明白，最後不離不棄的就是一直都在的家人們。

而當我們願意把最好的一切留給自己的家人，就是在練習單純對一個人好，單純希望自己的存在本身能夠帶給家人開心、幸福快樂。

甚至，可以練習懷抱更深的感恩心念。

我的一生，最幸福的就是有三個姐姐，最幸運的就是有老婆和虎妞、心心兩個寶貝女兒。

我只是一個很平凡的人，如果當初沒有三個姐姐毫無計較地幫忙照顧生病的阿爸阿母，我如何專心準備律師考試，如何無後顧之憂創立律師事務所。

如果當初沒有二姐夫把自己存了很久的定存給解掉，總共借給了我一百八十萬，我如何在二十六歲就存到購買房子的鉅額頭期款，好讓阿母可以搬離豆乾厝的老家，搬到新家好好養病、安享最後晚年。

當初我老婆、岳父岳母第一次來我家，看到的是一間四十多年老舊狹小、沒有電梯的十來坪大的舊公寓。如果沒有我老婆傻傻的愛、沒有岳父岳母的同意支持，我如何能夠建立、擁有現在這一個平凡簡單溫暖的家。

當年才二十幾歲菜鳥律師的我，如果沒有這群結拜大哥們不嫌棄，願意手把手教我、栽培我、提拔我，我如何能夠在現實社會叢林裡站穩腳步、賺到錢。

在我心裡，我的結拜大哥也是我的家人，在這場鹿鳴兄弟會的餐會上，是單純家人的團圓、團聚，盈滿著溫暖、感恩的自在氛圍。

用心感受、沉浸、習慣於家人相處的自在氛圍，練習將這樣珍貴難得的自在帶給每一個有緣相遇的人。

人與人之間的善緣，就是我願意把你放在心上，你願意把我放在心上。

練習單純、自在地對那些願意把我們放在心上的人更好一些，感念、回報他們爲我們所做的一切，就是在深化我們自己生命的善緣福報。

我們的人緣會好很多，貴人也會多很多。

我們會慢慢感受、認清這世上的一切到底什麼是眞的、什麼是假的。

或許需要很長的時間，或許會跌跌撞撞，但我們會慢慢贏得一個個眞實願意把我們彼此放在心上的兄弟們、姐妹們、家人們，不離不棄、溫暖堅定。

想在眞實社會生存、走跳、立足，朋友不用多，但眞心的兄弟、姐妹一定要夠多。

最後我們會體悟，人與人相處的最高境界，就是「自在」兩個字。

【人與人之間的連結，在於善解】08

人脈的深厚，取決於一個人善緣福報的深厚。

有緣的，就交往深一點；沒緣的，就交往淺一點。

一個人跟我們有緣、無緣，不是指見過多少次面、吃過多少次飯，而是指我們彼此的心有沒有在一起的感覺，就是一種我把你放在心上、你把我放在心上的溫暖感受。

緣分，可以培養，但無法強求。

就像可以撒下一顆種子在肥沃的土壤，可以用心澆水、施肥、除草，但最後能否長成大樹，能否開花結果，就無法強求了。

阿諛奉承的話，對方聽久了會膩；逢迎配合久了，我們自己也會累。

何必呢？

與人相處，廣結善緣就好，不用勉強，輕鬆自在就好。

輕鬆自在廣結善緣，有些人覺得聽起來有些消極，但其實卻是很積極的智慧。

這世界很大，有多大？遠比我們這顆小腦袋瓜想的大非常多，人是永遠認識不完的啊。

經濟學有一個「機會成本」的觀念。就是說，當我們選擇 A，必須放棄 B，那 B 就是我們的機會成本。

在人際關係交往上，當然也有機會成本的現象。

每當我們花時間跟 A 相處交往，其實就是放棄跟 B 相處交往，因爲我們的時間是有限的、固定的，一分一秒都多不出來。

永遠有值得好好認識的善緣，在我們認知範圍之外，就像打開我們通訊錄的好友人數，對比廣大人口數後，就知道比例多麼懸殊。

我們認識的人太少太少了，毫無執著、糾纏眼前這個人的任何理由。

遇到有緣的、值得認識的善緣，就好好珍惜。

至於那些想凹我們的、情緒勒索我們的，就放生他們吧。

除了機會成本外，講更深一些，縱使他們擁有再多資源，縱使我們再委屈求全，最後，他們也不見得會幫助我們、施捨我們。

不用覺得可惜、捨不得，管他的，各走各的路，順其自然對大家都好，等改天緣分到了，說不定走著走著又走到了同一條路上，誰能算得準呢？

當然，我也看過一種人脈交往的錯誤認知。

有些人不斷努力認識新的朋友，在不同場合努力交際應酬、交換一張又一張名片、拍了一張又一張合照。

人的時間、資源、精力是有限的，所以這些人在拚命認識新朋友的過程中，不自覺地淡化了、冷落了已經認識的朋友、認識很久的老朋友。

他們陷入了一個錯誤認知，以爲已經認識的人就是「自己的」，就像收集棒球明星卡片一樣，以爲只要吃過飯、換過名片、拍過照就是朋友了，就納入自己的人脈圈了。

這樣的錯誤認知，導致他們總是不斷認識新的、卻丟了舊的，花了無量的時間金錢後，其實朋友的總數根本沒有增加，甚至可以大膽推測眞心的朋友早已離去殆盡。是人都希望有很多的人脈，偏偏人脈交往的潛規則卻總是與一般人大腦認知的相反，絕大多數人都是用錯誤認知土法煉鋼，最後徒勞無功、浪費人生。

我們可以想像一下，如果遊手好閒的遊民想來跟你認識交往，你願意嗎？如果一開始就被打槍了，連對話的可能性都沒有，還談得上認識、交往嗎？這跟我們的態度積不積極無關、誠不誠懇無關，只跟我們自己到底是一個什麼樣的人有關。

轉心向內，才是出路，把關注的焦點從攀龍附鳳、杯觥交錯、阿諛奉承轉回到我們自己身上。

我們能做的、應該做的，就是透過將內心一個個微弱的善念去付諸行動、去幫助別人，點滴累積善緣福報，提升自己的能力、本事、價値，修練盈滿善念的心境、格局、氣場。

很多人以爲人脈在外面、在遠處，所以不斷奔走、不斷送往迎來；高手明白人脈在裡面、在自己的身上、在自己的心境。

眞正強大的人，是走到哪裡，人脈就在哪裡啊。

當內心向善力量的太陽普照大地時，萬物皆向陽而生；太陽從未想要照耀任何人，無數人早已享受太陽平等溫暖的照耀。

當我們的存在對無數人有價值、有意義時，自然會匯聚無盡的善緣，就像是一片肥沃的黑土，是人都想接近我們。

講到底，人脈的本質是善緣的累積，人脈的聚集是福報的顯化；人脈的深厚，取決於一個人善緣福報的深厚。

這時能否將這些帶著某種目的、企圖的緣分，正向轉化爲能夠幫助無數人、貢獻整個社會的大善緣，就取決於我們自己的善念與智慧、願心與願力了。

共好，不只是你好我好大家好，而是能夠一起共同圓滿更大的好事，這才是眞正的「共好」。

每顆種子起初都只是爲了自己而生長，當充滿向善力量的太陽無私普照大地萬物後，萬物就能蓬勃發展，自然無礙形成萬物遮風避雨、滋長生存、循環不已的熱帶雨林，一個龐大微妙的善經濟生態系。

PART 5

福慧傳家，洞見財富的規律

【福慧傳家，洞見財富的規律】01

不用追著錢跑，錢是追著有福報的人跑。

每個人都想賺錢，想要賺到很多錢，可以過上不用爲錢煩惱的日子，這是人之常情，很好的，沒有任何問題的。

然而，很多人之所以一直賺不到錢的根本原因，卻也是因爲一直用力盯著錢看。

「人兩腳，錢四腳」，人永遠追不過錢的啊。

金錢的流動有一股自然的力量，是從沒有創造價值的人的口袋，流向有創造價值的人的口袋。

仔細觀察每天的日常生活，早餐店、計程車、咖啡店、手機網路費，就能洞察這個金錢流動的現象。

價值創造，是金錢流動的位能、向量、加速度，是金錢河流的流向與坡度。

所以，想要賺到錢，重點不是盯著錢，而是應該「聚焦價值的持續創造」。

當我們練習讓自己變得更好、過得更好，讓身邊的人因爲我們的存在變得更好、過得更好，我們就創造了價值，自然就會賺到錢。

當我們持續地爲自己、爲別人、爲無數人創造價值，自然就會持續賺到錢，這是一個簡單的生命規律。

然而，很多人會誤解了這段話的關鍵，而急著想要去爲別人創造價值，讓自己可以趕快賺到錢，這又走回了老路。

這段話是核心思想，在於先關注自己，透過腳踏實地自我精進，讓自己變得更好、過得更好。

只有當我們能夠爲自己創造價值，才可能爲別人創造價值。

就像想開餐廳，重點不是急著開，而是要先做得出自己吃了都感到幸福的美食。

一個心浮氣躁、被煩惱纏身的人，如何爲自己創造價值？一個死命盯著別人口袋裡的錢看的人，誰看了不怕，誰看了不躲？

不用覺得自己時間不夠，很著急，反正也早已被錢追著跑很久了不是嗎？問題也從未因爲這樣的急迫感，而得到些許的緩解啊。

一般人是追著錢跑，錢卻是追著有福報的人跑。

眞正的商機，就在於能夠給人方便、給人歡喜、給人希望、給人信心這四件盈滿無量善緣力量的事情中。

然而一切都必須從我們先給自己方便、給自己歡喜、給自己希望、給自己信心開始。

持續練習成爲一個長期價值主義者，練習爲自己的每一天帶來一點點小小的意義，爲別人帶來一點點小小的價值。

這會讓我們爲生命的金錢河流構築一座穩固的水庫，讓錢慢慢自然流入，這就是所謂的「命中帶財庫」。

【福慧傳家，洞見財富的規律】02

金錢無法傳承，唯有福慧可以傳家。

很多人活了一輩子，到頭來才發現，原來自己最不熟悉的人竟然是自己的父母親、子女、兄弟姐妹。

原來本該最熟悉的親人，卻是距離最近的陌生人。

其實，本來親人的血緣關係，在人類天性的基礎上，親暱與緊密的生命連結都是很自然的現象。

天下父母之心、子女孝順之情、兄友弟恭、姐妹情深，都是很自然的現象。會出現某種程度的疏離、芥蒂、隔閡、甚至仇恨，往往來自於某些非自然的文明產物去催化、驅動人性的黑暗面。

這個非自然的文明產物，首屈一指的，就是金錢。

很多父母自以爲在家族財富傳承安排上，非常完美，子女們個個孝順、相親相愛，但這往往也只是父母自己的一廂情願，或者可以說是自欺欺人。

當父母一離世，進入財產繼承程序，一切就會風雲變色，繼承者們卸下多年的簡樸僞裝，甚至流露出令人訝異的猙獰嘴臉與心狠手辣的手段。

親人彼此進入無止盡的爭吵、爭奪、掠奪。

家，就這樣沒了。

原來，父母自己一點也不認識自己的親生子女啊?!

但這也怪不得父母，畢竟他們也只是像我們一樣充滿煩惱、盲點的平凡人。禍根就來自於金錢的黑暗力量。

光緒皇帝的父親醇親王的治家格言：「財也大，財也大，後代子孫禍也大。若問此理是若何，子孫財大膽也大，不到喪家不肯罷。」

這世上任何事物都具有陰陽兩性，有黑暗面也有光明面，包含金錢也一樣。金錢的本質沒有任何問題，可以用在壞的地方，也可以用在好的地方；可以催化人的黑暗面，也可以驅動人的光明面，這一切都取決於擁有者的生命境界、格局與智慧。

所以賺錢很難，如何有智慧地花錢，更難。

關於這個問題的答案，不是三言兩語可以講完，更不可能在千千萬萬人中找出一體適用的公式。

但在我多年協助處理的家族財富傳承、爭奪的經驗，或許可以分享一點點的生命體悟，那就是：

第一，財聚人散，財散人聚。

第二，金錢無法傳承，唯有福慧可以傳家。

幾乎在這世上所有的智慧，都是與頭腦直覺邏輯相反的，這就是《道德經》所謂的「正言若反」。

當我們聚集越來越多財富在自己身上時，與家人、親人、朋友的生命連結反而越來越疏離了，慢慢地，連我們自己都搞不清楚身旁的人是爲了什麼而跟我們在一起。

甚至，我們會一點一滴見證金錢對於子女的生命價值觀的汙染、危害。

清代名臣林則徐說過一段話：「子孫若如我，留錢做甚麼？賢而多財，則損其志。子孫不如我，留錢做甚麼？愚而多財，益增其過。」

這段話不是否定金錢財富的功能，而是隱藏了對子孫的期許，希望後代子孫能夠通過自己的努力，爲社會做出貢獻，活出自己充滿價値與意義的人生。

留錢給子女很重要，畢竟很多事情可以用錢解決；但只有留很多錢是不夠的，金錢無法保證子女一生的平安，有時反而可能帶來無可預料、無盡的禍害。

當我們仔細回顧自己的一生，在年輕時或許會覺得自己賺到很多錢、建立很大的事業，是因爲自己雄才大略、覺得自己很厲害；但當我們足夠謙卑、有足夠的智慧，會慢慢看懂當年自己只是遇到好時機、遇到好多貴人，自己只是一個有福報的平凡人。

或許坎坎坷坷、或許跌跌撞撞，但最後可以平安順遂走到今天，依賴的不只是自己的努力，更多的是善緣福報，原來自己只是一個有福報的人。

從這瞬間，我們才能夠體悟，眞正應該留給子女的不只是金錢財富，更重要的是善緣福報。

「藏富於民」，不只是治國的方略，也是治家的思想。**引領子女運用這些金錢財富，去做無盡的好事、善事、對的事，爲自己、爲社會、爲衆生累積深厚、深遠的善緣福報，是庇佑子孫一生平安的大智慧。**

「積善之家，必有餘慶」，不是寫積善之「人」，而是積善之「家」的深意就在於此。

積善種福之家，果富貴、果無病、果長壽、果子孫賢孝、果善終。

【福慧傳家，洞見財富的規律】03

懂分寸、有修養，財庫自然殷實充滿。

一代懂吃，二代懂住，三代才懂文化藝術。

很多人誤解了這段充滿智慧的話語。吃，不是指吃美食；住，也不是指住豪宅；文化藝術，更不是指聽音樂劇、買古董字畫。

所謂的懂吃，指的是一個人在餐桌上的禮儀、修養。

有些人聚餐時，明明桌上有公筷不用，總不自覺地用自己的筷子到菜盤夾菜，甚至攪啊攪、挑啊挑。

有些人喝酒時，總不自覺地跟別人靠很近講話，口水噴啊噴，甚至毛手毛腳、勾肩搭背、推來拉去，最後還不小心把紅酒潑灑到別人的衣服上。

有些人講話時，總不自覺地夾雜幾句問候別人父母的口頭禪，甚至口頭禪的比例高到讓人忘記他們到底還說了些什麼。

這些人初次見面就會被打槍，哪裡還有後續發展的可能性，既沒好友相助，也無貴人提拔，出社會到哪裡都走不通，人生過得跌跌撞撞、坎坎坷坷。

這一類的不自覺，都是某種「慣習」，就是很深化、很難察覺、很難改掉的習慣。

簡單講，就是一個人的修養。

光看修養兩個字，就知道這不是天生的，必須長期持續修正、培養的，不是一次兩次、三天五天的功夫。

這往往要花一整代人的時間、努力，才有可能完成的修練、成長，這就是「一代懂吃」的智慧。

「倉廩足，知榮辱。」

倉廩，就是儲藏米穀的地方。

這句話的意思是說，一個人的經濟條件、社會地位改善後，會對自己的穿衣打扮、言行舉止有所注意、要求。

但我看到更深的含義，對當年二十幾歲剛出社會、白手起家的我受用無窮。

這句話不只是指先倉廩足，然後才知榮辱。

也可以反過來看，如果一個人懂得知榮辱，也會有倉廩足的結果。

當我們能夠練習成爲一個懂得餐桌禮儀、舉止禮貌，懂得掌握人際言行互動的隱形界線，我們會成爲一個受歡迎的人。

甚至，大哥、大姐們也更願意帶我們出場，去認識更多厲害的人，跟更多厲害的人學習，帶領我們的人脈破圈、認知提升。

當大家喜歡跟我們在一起，帶我們出場有面子又給力，自然願意給我們機會，有好事會想到我們，我們的事業發展自然會比一般人來得通達平順。

我們家的穀倉、財庫自然也就殷實充滿了。

隨著社會歷練的深化，我深深體悟到，一個人在社會走跳，到哪裡都走得通，眞的很重要啊。

一個保有本初善念，願意與人爲善、廣結善緣的人，言行舉止得體、有修養的人，到哪裡都走得通，通了就順了，順了就富了。

【福慧傳家，洞見財富的規律】04

善，是永遠無法比較的財富。

大學剛畢業到補習班教書，領到第一份薪水時，買了一支Swatch手錶，很開心。後來開了自己的律師事務所，賺了些錢，買了一支想買很久的勞力士黑水鬼手錶，更開心。

從那時起，出門與人見面，總會很習慣性大動作伸出手腕看時間，低調到全世界都知道我戴著勞力士。

後來因爲某些緣分，我開始出入帝寶豪宅，認識很多數十億身家的大哥大姐們。以往與人聚會，只要看到別人手上錶的價格不如我，就會很自信、帶點驕傲地伸出手看時間。

但在帝寶豪宅、可以同時坐二十人的超大餐桌上，我眼睛一瞄，發現我手上價值四、五十萬的勞力士黑水鬼竟然只是他們手上錶的零頭。

他們手上沒有一支低於兩百萬的錶，貴婦們的錶更是動輒破五百萬，這已經超越我三觀的想像。

我內心原以爲堅固的自信心瞬間崩潰，甚至感到羞愧。

當賓客與我對話時，望著我手上的錶，再把目光慢慢從我手腕、肩膀移到我臉上時，讓我感到面紅耳赤，我默默地把手從桌面上放到桌面下。

最後，我趁著去廁所時，偷偷把那勞力士黑水鬼摘了下來。

原來這一切早已看在我乾姊的眼裡。

後來乾姊在賓客都離去後，請管家泡一壺TWG花果茶，然後端出了一個跟水果禮盒差不多大的珠寶、手錶收藏盒。

打開後，我目瞪口呆，頓時感受到紙醉金迷這句成語的意涵，眞的是金光閃閃、令人目眩神迷啊。

乾姊一一跟我介紹她收藏的錶，原來最頂級的錶不只是品牌、不只是鑲鑽，最貴的還有限量編號，收藏盒裡的錶沒有一支是低於一千萬元的。

她說，從她二十幾歲開始，就習慣每一年買一支超過一千萬的手錶給自己當紀念，記錄自己當年的回憶。

這年她已經五十幾歲了……。

乾姊語重心長的告訴我，給我看這些錶不是爲了打擊我，更不是激勵我去賺更多錢好買到這些錶，而是要我明白到底人生什麼才是最重要的。

乾姊說，人生在世，比是永遠比不完的，比贏了也不是眞正的贏，甚至可能爲自己帶來禍害。

她要我好好記住：「只有做善事，才是永遠無法比較的。」

這句話聽在當時二十幾歲的我似懂非懂，但我聽話照做，把她的教誨記在心裡。

經過這麼多年，我慢慢省悟，慢慢清晰明白了。

當我們的自信心是建立在比較的基礎上，就如同把生命的根基建築在沙灘上，無論看似多麼堅固、雄偉，都只是如同沙灘上的碉堡一樣脆弱、虛幻。

一道浪襲來，一切也將沖刷殆盡。

跟人比較是簡單的，勝負是明顯的，我們會在贏過別人時快樂、在輸給別人時痛苦，我們會陷入競爭勝敗、快樂痛苦的無盡輪迴之中。

縱使我們不斷贏過別人、擊敗別人，我們並不會因此得到我們冀望、渴望的敬重，甚至只會在別人內心埋下不可預測的禍根。

道理很簡單，沒有人喜歡被比下去，當被別人按在地上磨擦時，人們只會祈禱我們趕快倒楣、跌倒、兵敗如山倒，必要時在背後狠狠地推我們一把、拉我們一腳。

光是這樣惡念詛咒的累積，就是難以想像的負面力量。

而且，無論我們一時贏過多少人，很快地我們就會遇到瓶頸，終究我們會踢到鐵板，親眼見證一生都難以跨越的聖母峰。

一位醫生救了一個病人的命，跟另一位醫生救了十個病人的命，誰比較了不起？

消防隊員拚命衝進火場救了一家四口的命，跟警察與歹徒駁火救了一位被綁架小女孩的命，誰比較偉大？

善，是無法比較的，或者說根本不需要比較。

這讓我找到了命定的人生正途，擁有了發自內心的自信，感受到自己眞正地活著。

我放下了比較心念與情緒，卸下了競爭勝敗、快樂痛苦的輪迴枷鎖，輕鬆自在。

現在的我已經不戴任何名錶，也不刻意購買價格嚇死人的名牌精品，只買自己喜歡、舒適、得體的服飾、鞋子。

但我依舊會研究世界頂級的品牌、精品、名錶、名車，這是爲什麼呢？

因爲我可以用識貨人、內行人的眼光欣賞別人，精準到位地讚美別人，帶給別人搔到癢處的歡喜。

當我不再需要比較，也就不再需要辛苦追求、勞苦擁有，看似少了什麼，其實是得到了什麼，我的人緣好了很多、貴人多了很多。

現在的我的每一天只是不分心、老實地一篇文章一篇文章地寫著，一場演講一場演講地講著，運用文字及生命體悟傳遞著利益生命的點點滴滴。

我的生命不是往好的方向走，也不是往壞的方向走，而是往善的方向走。我不積財也不積名，只是積善。

盈滿善念、善緣的生命，將能脫離比較心的輪迴苦海，慢慢進入了大平等心、大慈悲心的圓滿心境。

善，是永遠無法比較的。

【福慧傳家，洞見財富的規律】05

窮的原因，在於放不下那些捨不得。

窮人的身上總是緊抓著太多、背負著太多，左手右手拎著大包小包過日子、追公車、趕捷運。

因爲窮，所以捨不得放下；因爲捨不得放下，所以窮。

這個工作一點收入、那個工作一點收入，每天起早貪黑，在極度勞碌、疲憊的生活中，最後好像也存不到什麼錢。

但是，眞要我們放棄其中幾個沒什麼產值的收入又捨不得，畢竟好不容易爭取到的，也做得熟門熟路了。

只要從家裡擺放、堆放的東西就看得出來，這也捨不得丟、那也捨不得丟，只是不斷囤積著一大堆廉價、品質低劣的東西。

總用一句「以後還用得到」爲藉口，就這樣一直擺著、堆著。

但其實一個家裡面最值錢的，就是「空間」，而不是物品。

每用雜物占用了一坪的面積，就浪費了一坪五十萬元的空間，扣除公設可能超過六十萬元，想也知道到底是那些雜物值錢，還是房地產的室內空間值錢。

爲了雜物，浪費了空間、餘裕；爲了口腹之慾，浪費了肚子、健康；爲了賺取微薄的金錢，浪費了時間、生命。

人會窮，往往就是這樣「浪費」而來的。

在不知不覺中，也慢慢過了人生最精華的青春歲月，一回頭發現自己的經濟實力依舊經不起稍大的金錢支出、經濟環境的動盪。

這跟善不善良沒有絲毫關係，只跟一個人的實力、認知、格局有關。

不要以爲善良就會有錢，更不要用善良去掩飾自己的能力不足，不斷營造一種勤奮的假象，卻也持續在認知提升、實力累積上偷懶。

這樣的人久了會習慣用善良來批評有錢人、甚至惡富、仇富，稍微碰觸自尊就像刺蝟一樣全身的毛、刺都立了起來。

這一切我都知道，因爲我也是從社會底層、貧窮生活出身。

花時間讀書是有用的，花心力歷練是有用的，盡力廣結善緣是有用的，這一切我也都知道，因爲這是我眞實不虛的生命經驗。

練習放下那些捨不得，讓雙肩、雙手空出來，讓心空出餘裕來，多讀書、多歷練，我們才能慢慢看見到底什麼才是對無數人有貢獻、有價值、能夠創造金錢流動的人事物。

進而將內心一個個微弱善的起心動念去付諸行動、去幫助別人，一點一滴累積轉運造命的善緣福報。

因爲看透，所以自信；因爲自信，所以簡單；因爲簡單，所以聚焦、有力、很有力。

我只是不斷練習讓自己的每一天有一點點小小的意義，累積著看似不起眼卻潛藏無限可能的善緣，走著、走著，走了好久好遠，路也漸漸光亮了起來。

PART 6

撥雲見日，將黑暗化為光明

【撥雲見日，將黑暗化為光明】01

當你在炫耀的時候，就是福報消耗的時候。

當一個人還會去炫耀自已擁有的東西時，從某種程度來說，就代表這個人配不上目前擁有的這一切。

不管任何的職稱頭銜，都擁有某種力量，或許權力、或許利益、或許名氣。

任何一個人的存在本身，也都擁有某種力量，或許好的壞的、或許善的惡的。

當一個人擔任某個職位、擁有某個頭銜，就是人與地位的結合，會形成某種很微妙的融合關係。

要麼這個人的力量大於頭銜，要麼頭銜的力量大於這個人，這就是所謂的眾望所歸，或德不配位。

要如何觀察這樣的現象呢？

很簡單，只要觀察這個人上任後細微的言行反應就能看穿。

假如這個人上任後，大搞排場、大肆宣傳、反覆談論他的頭銜，雖然嘴裡說要謙卑謙卑再謙卑，低調低調再低調；但實際上，卻是低調到全世界知道，這就顯露了德不配位的跡象。

因爲當我們還需要去跟別人炫耀什麼東西，就代表那個東西的力量遠大於我們這個人存在本身的力量。

就像有人存了很久的錢，才用盡全力買了一支黑色水鬼王勞力士手錶，甚至差了一部分的錢還是用信用貸款來的。

當這個人戴了這支黑水鬼勞力士手錶出門應酬時，會很常大動作伸手看時間，頻率大約每分鐘一次……。

這現象是炫耀心念所驅使的，冀望別人因爲他手上那支勞力士手錶而看重他。甚至天雨路滑，不小心走路跌倒時，也要用手掌緊緊護住手腕上的勞力士手錶，哪怕因此手肘直接撞擊地面而骨折，也沒關係。

因爲人不重要，錶沒事最重要；人受傷會癒合，錶撞傷、刮傷了就沒價了。

我也曾經見過一個場面。

一位五十多歲、身形臃腫的某知名保險公司協理，在應酬場合中，爲了搭訕啤酒促小妹妹，直接亮出了、炫耀了年度所得稅扣繳憑單……。

很多人永遠不明白，爲什麼自己很努力爭取到了職位、賺到了很多錢，別人卻依舊隱微地打從內心看不起他。

縱使別人基於禮貌、想要業績成交而報以極爲禮貌的微笑，但他就是感受得到對方那極力隱藏的看不起。

道理其實很簡單，就是「德不配位」四個字就講完了。

一個人會站上某個位子、會賺到很多錢，背後往往有著難以理解的福報力量。

得到的一切、擁有的一切看似是眞的，但我們也難以想像這過程耗掉了多少過往、甚至累世的福報力量。

有些人得到了看似令人稱羨的權勢地位、金錢財富後，路反而走到了盡頭。

福報與業障是一體兩面的，多大的福報就有可能帶來多大的業障，取決於我們的起心動念。

我們所擁有的一切，從來不是屬於我們自己一個人的，是匯聚無數人不可思議、源遠流長的善緣，是老天託付給我們的生命責任。

從這個生命視角來看待自己擁有的一切，我們也就有了智慧，也才可能湧現眞正的謙卑、低調、感恩心念。

一個人的福報在我們忍不住炫耀的那一瞬間，就會以驚人的速度消耗、耗盡，這是很危險的啊。

因爲老天要給我們一塊錢與一千萬是一樣簡單的，要奪走我們的一切也是一瞬間的事情。

反過來，當我們體悟老天託付的責任，練習少說話、老實做事就好，專心做內心覺得應該做的事就好，我們就在點滴累積更大的福報力量。

因爲我們讓自己擁有的職位、頭銜、金錢的力量，與我們自身存在的力量，自然無礙地朝了同一個善的方向前進，能夠複利倍增幫助影響無數的人。

這就是「厚德載物」的智慧。

【撥雲見日，將黑暗化為光明】02

驕傲，看起來很強壯，其實很脆弱。

我花了很多年，練習慢慢放下我的優秀。

三十歲以前的我，努力、奮鬥累積了我的各種專業、頭銜，希望自己顯得很優秀，看起來很不平凡。

三十歲後的我，卻試著練習慢慢放下我的優秀，讓自己能夠逐漸平凡，能夠與像我一樣的平凡人對話，能夠與像我一樣的平凡人生命有所連結。

優秀，雖然可以讓我們得到很多，卻也會讓我們失去很多，得到了很多外在有形的一切，也失去了很多內在無形的東西。

當我們讓自己看起來很優秀，我們很難不在內心升起某種驕傲心念，覺得自己比別人強、高人一等。

也很容易不自覺看不起別人，覺得別人的失敗都是因爲他們不夠努力導致的，然而，這並非生命的眞相。

人生的際遇，除了個人的努力外，還有無數複雜的因緣；甚至從整體生命運轉來看，個人的努力幾乎渺小到可以忽略不計，這也就是所謂的因果、業力。

當我們的努力有所回報，奮鬥有所成就，說到底，我們毫無驕傲的本錢，我們只是比較幸運而已。然而，驕傲的心念會狹隘我們的生命視角，遮蔽了我們內心的太陽，難以洞察生命運轉的規律。

驕傲是一種外強中乾的表現，看起來很強壯，其實很脆弱，別人的一個眼神、一個舉動都可能破壞我們內心的平靜。

因爲在內心深處，我們經不起別人的看不起、不禮貌、不尊敬，連一絲絲的冒犯都難以忍受，說到底，我們自卑得很。

當我們不再緊抓外在虛假的面具、戰袍、武器，願意放下那幾乎毫無用處的自我優越感，我們內心的驕傲與自卑也將逐漸淡化、消逝，甚至我們能夠憐憫那些總是自我感覺良好的人。

當我們卸下優秀的包袱，我們會變得逐漸平凡，逐漸成爲一個眞正活著的人，逐漸能夠用溫暖的心，看見、聽見每一個人的生命。

到最後，我們會體悟，原來，我們彼此都只是一個充滿煩惱、想要幸福快樂、不想要痛苦的平凡人。

該努力的，我們還是會努力，該奮鬥的，我們還是會奮鬥，但我們不再是爲了向誰證明什麼而活著。

我們逐漸鬆開了自心的執著，輕鬆無礙地將自己累積的本事去幫助別人，在一個個善念實踐的過程中，我們與無數人的生命有了更深的連結，在日漸深厚的善緣福報中，得大勇力、大信心、大自在。

【撥雲見日，將黑暗化為光明】03

玻璃心，無法成就大事。

每當我臉書的文章開始收到一些奇奇怪怪、惡意攻擊的留言，我就知道這篇文章中了，出圈了、破圈了。

從開始在臉書寫文章到現在，已經累積數千篇了，以前會很認真看讀者的留言，看到稱讚的就開心，看到批評的就難過，心情隨之跌宕起伏、七上八下。

哪怕有九十九位讀者讚美，只要有一位讀者批評，我就會瞬間忘記那九十九位善意的讀者，聚焦、在意、執著惡意的那一位。

這其實是有心理學根據的，我讀過書，也明白這樣的心理反應機制，但還是很難做到不在意、隨他去。

經過了幾千篇文章的洗臉、洗禮後，我慢慢有了一個善的轉念。

我觀察到一個有趣的現象，每當留言區開始出現揶揄我、罵我的留言，這篇文章的觸及人數就會隨之開始飆升。

臉書的演算法，是文章一開始只會在我們的鐵粉圈，就是那些準時閱讀、按讚、留言、分享文章的鐵粉；夠多人互動後，就會往外擴及到普通粉絲；如果互動人數還是非常高，就會再擴及到更多沒有追蹤、甚至無邊無際的陌生路人。

這個現象在社群經營有個小術語，叫做「出圈」。

一旦出圈後，就會開始出現一些根本不認識我們、甚至懷有不明敵意的酸民，在貼文底下留下各種奇形怪狀、亂七八糟、調侃謾罵的留言。

有時，連詐騙集團都會來湊熱鬧留言。

有了出圈理論的認識、因禍得福收穫曝光的效益後，我看待這些惡意留言的視角不一樣了，反而有些期待、興奮、愉悅。

臉書社群其實就是一個眞實社會的縮影。

當我們的生活只在自己的至親好友圈中，這是不折不扣的舒適圈，我們會感到歸屬感、安心感、自在感。

當我們的能力、財富、地位、名氣開始慢慢破圈後，就會進入不一樣的圈層中，被更多人看見，包含那些堆滿笑臉卻暗藏敵意的人、沒禮貌的白目人，甚至是可怕的垃圾病毒人。

也就是俗語所說的：「人怕出名，豬怕肥。」

這時如果我們沒有足夠的心理韌性，很容易就承受不起那些莫名的批評、攻擊、中傷，更蠢的是，急著想要去一一解釋，想要討好每個人。

最後我們只會在無盡的外耗、內耗下，徒勞無功、筋疲力竭，還被人笑是掉入圈套的傻子。

記得，我們永遠不可能把每件事解釋得清楚，更不可能讓所有人喜歡我們，何況很多流言蜚語只是源自單純無可救藥的嫉妒心念。

講到底，一個玻璃心的人，是不可能成事的。

想要永遠不受挑戰、不受挑釁，只能像螻蟻般默默無聞在社會底層苟活著。

面對那些五四三的惡言惡語，我們要謹慎反省，眞的有錯就要改，眞的沒錯就看淡、略過，然後好好珍惜那些善意相待的有緣人。

我們要對於自己知名度、影響力的擴大戒愼恐懼、謹言愼行，更要厚實眞本事、修練強大的心性。

更重要的是，要能夠持續不分心、老實地將內心一個個微弱善的起心動念付諸行動、幫助別人，做內心覺得應該做的事，點滴累積蘊藏無限力量的善緣福報。

善緣福報的深厚累積，是面對一切風雨的韌性底氣，因爲我們問心無愧；是面對無數危機的貴人相助、天人庇佑，因爲我們始終與神同行。

【撥雲見日，將黑暗化為光明】04

練習不反應，超越念頭和情緒的控制。

練習不反應，練習充滿覺照力量的回應。

覺，就是心知道；照，就是心看著；覺照，就是心知道、看著但不反應。

不反應，不是指像木頭人一樣呆滯、沉默、冷漠，而是要有覺知、有智慧的回應。

我們遇到外在人事物的刺激時，內心會升起或顯或隱的情緒，然後往往就順著這股情緒直接反應說話、動作。

外在刺激、情緒升起、話語動作反應，這三者之間在實際生活中幾乎是沒有間隙的，是一氣呵成的，但也往往造成了我們無數的懊悔、遺憾。

講得更深一些，我們總是很容易就被情緒接管了我們的人生。

我們又不是狗，幹麼內心的念頭隨便丟根骨頭，我們就跑去撿呢？東一根、西一根，忙得團團轉。

虛幻的念頭、情緒，怎麼可以是我們心的主人呢？

這不是眞正的我們，也不是我們喜歡、欣賞的自己，我們都想要成爲一個更好的自己。

這個人生的不滿、困惑、期盼，是一件好事，因爲這一瞬間我們瞥見了自己內心的太陽。

外在的刺激、內心的情緒、話語動作的反應，這三者是不一樣的東西，我們無法拒絕外在刺激，也無法控制內心情緒，我們唯一能夠超越的就是練習不反應。

只要練習不反應，我們就不會講出充滿情緒性的、傷人的話語，也不會做出充滿悔恨的行爲。

練習不反應，是一個斷念的過程，有點類似拔掉電風扇的插頭，斷電了，過一會電扇就自然會慢慢停下來，我們也因此正向轉化了自己的人生，切換了人生頻率。

然而，練習不反應，是很簡單，但非常不容易，我們需要鍛鍊的是心的覺照力量。

我們必須覺知有外在刺激、照看有內在情緒，必須覺照有股強烈想要說話、動作的念頭，然後，提醒自己可以不反應。

就像音符與音符間的空白、吸氣與呼氣間的空白，就是這個空白、這個無，才是我們生命的一切力量根源，一切都從這個無開始，也會回到這個無。

原來，我們可以不被情緒控制、不被念頭控制，不被一切的有控制，我們可以回到、停留在這個無，我們可以練習不反應。

什麼都有，什麼也都沒有，只剩下停留在無的覺照力。

執著於有，就是迷失；停泊在無，就是覺照。

我們覺照一切，但練習不反應，我們可以持續斷念、可以耐心在廣闊的無之中等待情緒消融，然後平靜穩定地做出溫暖、慈悲的回應。

我們對說出口的每句話、甚至每個字，都清清楚楚、明明白白，因爲我們不是反應，而是充滿覺照力量的回應。

當我們持續培養覺照力量，不斷擴大、深化，當到達某個神祕的臨界點後，我們會流露超越的、無我的智慧，因爲這才是我們眞實的本來面目。

我們不是念頭、不是情緒，我們是充滿向善力量的太陽，自然無礙地覺照一切，回應一切，顯化無我善念一切。

【撥雲見日，將黑暗化為光明】05

壞事會越做越壞，好事會越做越好。

賭博最可怕的不是輸錢，而是贏錢。
闖黃燈最可怕的不是發生車禍，而是沒有發生車禍。
喝酒最可怕的不是體檢數字不好，而是還在正常臨界值內。
因爲，賭博贏錢、闖黃燈沒事、體檢數字還好，會在我們心中留下一個僥倖的印記，會驅動我們下一次賭更大把、闖更驚險、喝更大口。
很快地，悲劇就會來臨了。
這世上的大禍事，往往不是一瞬間造成的，往往是其來有自，從看似不起眼的小錯小惡開始。
這就是易經坤卦：「履霜堅冰至。」意思是說，一腳踩在霜上，就可以知道嚴寒冰凍的季節即將來到。
從事物微小的徵兆，就可以看出將來事情發展的後果、結局。
任何的心念、言語、行動，無論善或惡，都會在我們心中留下一個印記，這印記帶有某種力量，會在某時某刻因爲某種外在刺激驅動我們去做出某種反應、行爲。
一個賭徒，只要賭贏一次大的，這種興奮快感永遠忘不了，會驅動著他繼續賭下一把、越賭越大、越輸越多。
一個順利闖過黃燈的人，下次遇到黃燈時，用力踩下油門加速闖過去的機率會上升，越踩越用力。

一個體檢數字好看的人，在遇到應酬的場合時，更容易毫無顧忌地喝下去，越喝越大口。

這就是印記的力量。

所以很多好事，不像表面上看起來那麼好；很多壞事，也不像表面上看起來那麼壞。好事，容易讓人鬆懈、放肆、失控；壞事，容易讓人謹慎、警戒、警惕。好事中總是蘊藏著壞事，壞事中也始終蘊藏著好事。

練習在好事中，看到壞事的可能性，我們可以平安無事、永保安康；在壞事中，看到好事的可能性，我們可以永遠不失去信心、盼望與愛。

這世上沒有絕對的好事、壞事，所以不要抱怨神，神只會向我們提出問題，我們自己選擇才是命運。

從一開始的僥倖、○・一度偏差的選擇，到最後只會越走越偏、天差地遠。

這世上所有的宗教都有「戒律」，很多人聽到「戒」會有直覺的排斥、壓力，覺得好像很多事不能做、不准做。

當然，有些過時的、歧視的戒律是要修改的，但大多數的戒律還是良善的。

這裡並不是要討論宗教的戒律學，而是要分享「戒」這個字的意義與力量。

「戒」本身就是一種心靈印記，在一次次遵守、做對的事、做好的事，會逐漸淨化我們的心靈，保護了我們自己，並累積形成了一種無形強大的心靈力量，也就是所謂的「戒體」，一種善念、善語、善行的化身。

人是學習、習慣、習性的動物，反覆做同一件事會不斷熟練、強化印記的力量，也就是腦神經科學說的「神經迴路」。

人類大腦有無數的神經迴路，越常使用的連結越強、越快速；越不常使用的連結越弱、越慢，甚至到後來大腦爲了節省資源，會剪除這些神經迴路。

所以壞事一直做只會越做越壞，甚至忘了好事怎麼做；好事一直做也會越做越好，甚至斷除了做壞事的任何起心動念。

就像很多人毒癮、賭癮、菸癮、酒癮戒不了，有些人卻從未有過要吸毒、要抽菸、要賭博、要酗酒的念頭。

就像很多人一輩子都活在自私自利、一毛不拔的算計中，有些人卻能夠自然無礙地幫助無數人，也因而被無數人幫助。

這一切的運作是超越頭腦邏輯、意志的，甚至腦神經迴路的連結也只是某種自然的顯化，一切背後都是心靈印記的力量，這就是「戒」的智慧，更是「戒」累積而來的善緣福報。

【撥雲見日，將黑暗化為光明】06

好的不喜歡，壞的不討厭。

櫻花開了，很美；櫻花謝了，重新長滿茂盛的綠葉，也很美。

等候一整年的櫻花樹，一朵一朵花盛開了，那淡粉色、白色相間的山櫻花，眞是太美了。

可惜，花季眞的很短，才剛習慣她的存在，就開始凋謝了。

當心情還沒從惆悵情緒走出來，櫻花樹又開始長出了一片一片綠葉。

才剛習慣她的不存在，櫻花樹早已長滿茂盛的綠葉。

慢慢地，我覺得沒有櫻花、滿是深綠色葉子的山櫻花，也挺美的，充滿生命力。

人生其實也是這樣。

期待已久的好事終於發生，才剛習慣沒多久，壞事就來了；又剛習慣沒多久，好事又再次發生了。

當我們執著好事必須一直好下去，壞事必須永遠都不發生，這樣的執著會造成我們的心苦。

好的壞的不可怕，善的惡的也不可怕，心的執著才是眞正可怕的，也是一切痛苦的根源。

提醒自己，好事不見得那麼好，壞事也不見得那麼壞，因爲好的會變壞，壞的也會變好，一切都是自然的。
這樣的提醒，不只是用在順境，更多是用在人生的逆境之中，畢竟人生不如意十之八九。
仔細觀察會發現，當我們遇到一點點不順的事情，起初都還好，只要我們開始抱怨、感到煩躁，就會開始遇到越來越多奇怪的倒楣事，事情也越來越嚴重、複雜。
越抱怨，越倒楣，這是幾乎每個人都有過的眞實經驗。
練習不抱怨，爲自己的心踩一個煞車，跟一直湧現的負面念頭、情緒保持一點點可以輕鬆呼吸的距離。
就止損在眼前這一點點的不順就好，可以的，我們接受得來、處理得來。
我們會慢慢看見一點一點細微値得感恩的東西，至少，我們還有家人的陪伴與支持，至少的至少，我們還能好好呼吸。
只要還有呼吸，一切就有希望。
隨著接受、感恩的心念浮現，事情也就在無形中一點一滴正向轉化了。
越感恩，越好運，這也是簡單易懂的規律。

當我們練習允許好事發生，也允許壞事發生，我們的心就無礙地與自然規律同頻了，這就是所謂的「心無罣礙」。

很多人在無常中，只能看見恐懼、憤怒、悲傷；我們卻能練習從無常中看見了無限的希望。

慢慢地，我們會進入「好的不喜歡，壞的不討厭」的心境，一種淡然、成熟又充滿希望的生命心境。

一切都會適應的，一切也都會過去的。

「不然還能怎麼樣呢？」這句話是魔法咒語，不是消極的，是智慧。

當我遇到很不順心的事情時，我總是不斷反問自己，抱怨、對抗、掙扎後呢，事情有改變嗎？眞的有越來越好嗎？

那就這樣吧，不然還能怎麼樣呢？

人生眞的有太多的無可奈何，彷彿一切都帶有某種命中註定，不知道這一切是從哪裡來的，也不知道接下來會到哪裡去，但可以確定的是，這一切會顯化也就會消逝，這世上沒有永遠不變的人事物。

無論暴風雨再大，雨過天晴的日子，終究會到來；在這之前，我們必須學會耐心等待，講到底，也只能耐心等待。

每少一分抱怨，每多一分耐心等待，都在爲自己多累積一分——轉運造命的善緣福報。

因爲，這樣「接受生命的無可奈何，卻安之若命」的心境，會讓我們將珍貴的生命能量收攏回來，聚焦在讓心維持安穩，才能眞正看見當下能做的、應該做的那一點一點的正向改變。

【撥雲見日，將黑暗化為光明】07

善用負面的人事物，轉化為自我成長的善緣。

小時候有一次三重大拜拜辦流水席，就是每年農曆四月二十五日先嗇宮神農大帝生日時，年紀多大我有些忘記了，大約小學二、三年級吧。

在那個經濟起飛的年代，三重大拜拜是地方超大盛事，所有道路都會交通管制，家家戶戶都會請總鋪師來辦桌請客。

準備宴席的煮菜場地就在大街小巷的轉角空地，請客的桌子就擺在家家戶戶的門口、家裡。

我家則是擺在五樓違章建築的狹小客廳裡。

阿爸邀請了一位在他心中很有分量的朋友來家裡吃辦桌，我不認識他，只知道好像是我們雲林鄉下同村到臺北打拚有賺到些錢、有些出息的人。

在大人吃飯時，小孩子不能跟著上桌，只能在一旁拿著大碗公夾著菜吃。

在靠近桌旁夾菜時，我發現那位阿伯手上戴著一只閃亮亮的手錶，上面感覺有鑲鑽、錶帶也是金色的。

那時我星期天有去教會上免費的英文課，開始認得二十六個字母，所以我嘗試想唸出錶面上的五個英文字母。

「ROL……」當我正專心看著、唸著的時候，這位阿伯看到我嚇了一跳，上下打量一下我後，裝作若無其事地把手縮了起來、放到背後去。

那一瞬間，我並不太明白發生什麼事，但總覺得好像偷東西被抓到一樣，心跳加速，滿臉通紅，內心有種說不上來的緊張感、羞愧感。

當我再長大一點、懂事了，就知道當時發生了什麼事情，這不但沒有讓我釋懷，反而內心更充滿被看不起、憤怒的感受。

那位阿伯的長相我一點印象都沒有，但他那睥睨、瞧不起我、把我當小偷的眼神卻更加深刻強烈。

這就是眞實的社會，有錢人就怕窮人沾啊！

我帶著這樣羞愧、憤怒的情緒，累積我生命的爆發力，所以我從小就非常非常努力讀書。

我希望可以透過讀書，未來賺到很多錢，讓阿爸阿母過上好的日子，讓我們許家翻轉貧窮的命運，讓所有曾經看不起我們家的人都看得起我們家。

經過很多年後，我做到了。

從某種層面來說，當年所有看不起我的人都是我人生的貴人。

不要被負面情緒牽引控制，要讓負面情緒反過來爲我們所用。

遇到不好的人、事、物，或許表面上看起來是負面的，只要善解、善用，就能轉

化爲我們向上提升、成長的善緣。

當年的我，沒有因爲他們的刺激、訕笑，而去批評、抱怨。

因爲我知道批評越多，只會越失敗；抱怨越多，只會越貧窮。

我沒有被擊倒，也沒有走上歹路去賺偏財、邪財，甚至去報復他們。

我反而產生強大的內在驅動力量去努力讀書、打拚事業，形成了今天的我。

這樣善解的生命視角，是很難得珍貴的善緣福報，所以我一直很感恩自己只是一個平凡有福報的人。

現在的我，對於「有錢人就怕窮人沾」這句話有了更深的體悟，也慢慢理解了當年那位阿伯，還有那些似乎努力與窮人保持距離的人。

他們其實不單純是因爲看不起窮人，更多的是「害怕」。

因爲窮人接近有錢的他們，絕大多數是跟金錢利益有關，更多的是精心的算計與設局。

不然，也可以反過來問剛出社會什麼都沒有的我們自己，當初想盡辦法去參加社團、活動、餐會結識有錢人，是眞心喜歡他們、想要跟他們交朋友，還是想要從他們身上賺到錢呢？

也可以再反問自己，現在過著還不錯經濟生活的我們，真的願意讓什麼都沒有、背負一堆貸款、甚至四處借錢的人接近嗎？如果對方真的開口跟我們借錢，我們該如何應對呢？如果跪在我們家門口三天三夜不走呢？

不用急著指責別人，明白我們都只是想要幸福快樂、不想要痛苦、充滿煩惱的平凡人，是一種成熟。

我們可以練習對人性多一分認識、理解，甚至是帶著慈悲的寬容心念，這樣觸動、觸怒我們的點會少很多，人緣也會好很多。

然後，我們會明白，所有的趨炎附勢、攀龍附鳳都是徒勞無功、白費力氣的。人與人之間，無論別人如何慈眉善目、客氣有禮，永遠都是龍交龍、鳳交鳳，什麼樣的人才能交到什麼樣的朋友，這是人脈的自然規律。

但，只要是人都願意接近善良的人，如果這個人還擁有強大的能力、影響力、淵博的知識，那就是大家都想親近的人了，包含有錢人，這樣的人就是所謂的「善知識」。

人生路上要多親近善知識，常與善人同行，是智慧，更是福報。

所以最重要的是，我們自己到底是一個什麼樣的人？

把珍貴的時間、能量好好關注我們自己，練習將內心一個個的善念去付諸行動、去幫助別人、去廣結善緣，厚實自己的本事、善緣、福報。

等到我們長大成熟了、有了資源、有了影響力後，可以持續練習善待每一個有緣相遇的人，無論貧富貴賤、高矮胖瘦。

這樣的成功人生才是值得慶賀的，這樣的人格修為才是值得敬重的。

【撥雲見日，將黑暗化為光明】08

有多大的黑暗力量，就有多大的光明力量。

這世上的一切，無論物質、非物質，無論肉身、心靈，都是能量的聚集、維持、崩壞、消散、轉化，都只是能量的不同存在型態。

同頻的事物彼此會產生同頻共振的效應，這是自然的規律。好的會吸引好的，壞的會吸引壞的；善的會吸引善的，惡的會吸引惡的。人的心念，也是一種能量。

當我們因爲某種原因陷入煩躁、憤怒的念頭、情緒中，會接二連三遇到各種讓我們更煩躁、更憤怒的人事物。

當我們覺得自己很倒楣，眞的只會讓自己更倒楣而已。這無關對錯，甚至無關好壞，一切都只是自然現象而已，一切都只是我們自作自受而已。

在投資領域，有一個現象，就是我們賺了十萬元的快樂，遠遠比不上虧了十萬元的痛苦。

在人際關係領域，也有一個現象，就是哪怕有九十九個人稱讚我們，只要有一個人惡意批評我們，就會立刻吸引我們的目光，並帶給我們痛苦的感受。

負面的人事物，總是遠比正面的人事物來得更吸引我們的注意力。

但，這只是一種幻相，只是大腦基因爲了生存的原始設計，好讓我們在充滿氣候危機、兇猛野獸的原始環境中生存下來而已。

我們可以透過刻意練習微調、轉向我們關注的人事物，來正向轉化我們的命運。

當我們失去什麼時，可以練習關注自己還擁有的一切；當我們遇到不好的人時，可以練習關注自己身邊愛著我們的家人、支持我們的兄弟們、姐妹們；當我們承受逆境時，可以練習關注自己曾經經歷生命的風風雨雨，提醒自己一切都是一時的，一切都會過去。

甚至當我們內心深處升起強烈的黑暗情緒時，也不要失去盼望，只要輕輕地提醒自己，自己的心一直有著更強大的光明力量。

無論心可以產生多大的黑暗力量，就必然可以產生多大、甚至更大的光明力量，因爲，都是同一顆心啊。

永遠不要嘗試對抗惡念，更不要與負面情緒糾纏，只要輕輕地提醒自己與它們保持距離。

然後輕鬆而專注地看見內心的善念、值得感恩的一切、需要我們的家人、支持我們的朋友，我們會慢慢找回本自俱足、一直都在的心的光明力量。

光來了，黑暗就自然消失了。

我們會從知福、惜福、種福、培福的過程中，緩慢而踏實地走出來、站起來。

關注福報會吸引福報，關注業障會吸引業障，一切都只是自然現象，一切都只是自作自受。

只要還有呼吸，就值得無限的感恩，就有無限的希望。

PART 7

積善種福，種下好命的種子

【積善種福，種下好命的種子】01

施與受，都擁有無限的善緣力量。

幫助別人，與接受別人的回報，必須達到一種微妙的平衡。

不斷爲別人付出、甚至犧牲，卻沒有得到任何回報，很快地我們就會有一種被榨乾的感覺。

要求自己在道德層面上持續不求回報的付出，更是不切實際的，因爲我們都只是有著愛恨情仇的平凡人。

然而，不斷接受別人對我們的好，卻沒有對別人感恩圖報，很快地我們也會有一種覺得自己很糟糕的感覺。

所以只有當幫助別人與接受別人回報之間，達到一種自然的動態平衡，我們與對方彼此才會感覺良好。

只要是人，很難做到全然無私的程度，那是佛菩薩的境界，身爲平凡人的我們都還在學。

但，這也不代表我們要當一個全然自私的人。

生命的眞正智慧，往往就在於某種動態平衡，這樣人生的路才能走得久、走得遠。

練習想得到自己，也想得到別人；多想想自己，也多想想別人。

先好好把自己的身心照顧好，在心有餘力的時候，就伸出援手幫助別人；沒有能力的時候，至少不傷害別人。

很多人以爲幫助別人需要很多錢、很多時間、很多資源，其實這是一種誤解。

只要練習存好心、說好話，至少不說壞話、不隨意論斷別人、不無意識否定別人，就是很了不起的善行了。

甚至可以說，很多有錢、有閒的人連這點都做不到啊。

練習盡心盡力地去幫助別人，也坦然感恩地接受別人的回報。

當接受別人回報，我們內心會感覺良好，會更有驅動力去幫助下一個人，這樣回報我們的人也就間接幫助了那下一個人。

所以回報我們的那個人內心也會感覺良好，會懂得感恩回報更多人、甚至願意去幫助更多人，這樣我們也就間接幫助了無數人。

這樣的描述不是繞口令，而是生命的實相，是一種複雜卻美好的善緣交織。

終有一天我們會體悟，幫助別人與接受別人的回報，都擁有無限的善緣力量。

當善念、善行與善緣自然無礙地持續流動，我們彼此內心會盈滿一股股暖流，會變得更好、過得更好，這是一種平衡的生命智慧。

【積善種福，種下好命的種子】02

福報與業障，往往只在一念之差。

出社會這麼多年，看過很多有錢有權有勢的人的嘴臉。

一個人有錢、有權、有勢後，常常會忘我，就是忘了自己到底是誰，也習慣有意、無意地運用金錢、權勢去操控、操弄別人。

有些是講話特別大聲，彷彿全世界唯我獨尊；有些是喝了酒就開始忘形，對女孩言語性騷擾，甚至直接動手動腳。

從絕對客觀的道德標準，沒有人是應該忍受的，應該直接反嗆他們，直接翻臉離席，甚至賞他們兩巴掌。

然而，眞實社會不是那麼容易的。

很多人的容忍，不是期待從這些人身上得到些什麼，而是恐懼得罪這些人後會失去什麼，甚至會擔心因而拖累很多人。

就是這樣才顯得這些人的嘴臉、毛手毛腳很可惡、很可恨。

更可悲的是，這些人已經像長期酗酒、酒精麻痺的酒鬼一樣，以爲大家對他們的高談闊論、誇誇其談報以微笑，是因爲他們講的話是眞知灼見、是智慧眞理；以爲大家對他們的毛手毛腳、動手動腳報以尷尬的笑容、閃躲，是因爲眞心喜歡、崇拜他們卻心生害羞。

化解這樣爲難、險惡、歧視的場景，眞的沒有絕對有效、毫無副作用的答案。

不要輕易責難別人的忍受，更不要責怪別人的不勇敢。

事非經過不知難啊。

眞正有問題的，是那些運用金錢權勢去做這些噁心事的人。

人一輩子擁有的一切，都是能量的匯聚，至於這樣的能量是福報、還是業障，取決於我們自己的起心動念。

福報與業障，往往只有一線之隔、一念之差。

從整體生命運轉的格局來看，福報就是業障，業障就是福報；有多大的業障就可能帶來多大的福報，有多大的福報也可能帶來多大的業障。

人們總是不斷祈求、追求福報，卻往往忘了伴隨福報而來的生命責任，將一切視爲理所當然、甚至濫用後，除了急速消耗福報外，更在隱微之間將福報變質爲不可預測的業障禍害。

相反地，縱使一個人深陷重重障礙、困難，看似業障深厚，但只要願意隨順生命因緣的安排，接受、允許一切自然發生，不掙扎、對抗而去製造更多新的問題，就能一點一滴消解過往的業障。

進而練習將內心那隱微的一個個善念付諸行動、幫助別人，輕鬆而專注地做內心覺得應該做的事，就能慢慢累積珍貴的光明力量，在看似靜默之間將業障質變爲眞實不虛的善緣福報。

這就是所謂的「福禍相倚」的簡單規律。

不要因爲那些作惡的人心懷不平、怨恨，我們終將見證福報質變爲業障的瞬間。

要爲作善的自己心懷祈願、信心，哪怕路途充滿荊棘、顚簸也不失去盼望，我們也終將見證業障轉化爲福報的必然。

【積善種福，種下好命的種子】03

善意，
是世上最強大的自我保護。

我聽過很多人在我面前數落某個人的不是，還會好心地提醒我要注意、要提防。在年輕時我很容易信以爲眞，縱使一開始提醒自己不要預設立場，但聽久了、不同人講久了，內心也會動搖。

確實有些人眞的如他們所說的有問題，但更多的人在我實際相處經驗中，沒有什麼特別的狀況，很多年過去了，也沒發生什麼事情。

我跟這些別人口中大有問題的人們相處起來很正常，他們對我也是充滿善意，也幫了我很多忙。

經過多年的人生歷練，我慢慢體悟每個人在不同人的面前會有不同的面貌，而這一切取決於我們在別人心中到底是一個什麼樣的人。

當我們對於別人充滿敵意、算計、操弄，想要鬥倒別人、控制別人、利用別人，別人不是傻子，這些心念別人都感受得到。

當別人從我們身上感受到惡意，自然會反饋相同或更大的惡意給我們，這是作用力、反作用力的自然規律。

說到底，這跟對方是一個什麼樣的人無關，反而跟我們自己到底是一個什麼樣的人有關。

對方對於我們的態度、言行舉止，取決於我們自己的起心動念，如同鏡子一般如實映射，不偏不倚、不多不少。

後來我甚至觀察出一個可怕卻眞實的現象，就是反覆在我面前數落、批評、論斷別人的那些人，我從他們身上竟然慢慢看到了他們說出口的那些缺點、毛病、惡行惡狀。

原來，反覆非議、攻擊別人，一直講一直講，講久了那些惡念、惡語、惡行會內化爲我們自己。

說出口的一切，都會回到我們自己身上顯化，最後傷害的還是我們自己。

這讓我更加警戒自己的每一個起心動念，警惕說出口的一字一句。

當然，在社會上行走，我還是會遇到不少白目的人、甚至對我帶有競爭敵意的人。

但，我練習輕鬆而專注地切割，我知道這是他們自己的選擇，是他們自己的負面習性，最後傷害的也只是他們自己。

這一切只是他們自己的福報不足，導致他們用負面的、惡意的生命視角看待生命中的一切。

輕輕地提醒自己不要隨之起舞，我們練習不反應，就這樣看著自己的心、也看著對方，就像看著電影一樣，跟我們其實沒有什麼關係。

這時最重要的是，隨順著緣分感受內心微弱善的起心動念，把任何能夠利益對方的善意付諸行動，嘗試去建立那珍貴、難得的一絲絲善緣。

不用勉強、不用強迫，內心有浮現這個善念很好，沒有也沒關係，畢竟人與人之間的生命連結還是要靠緣分的。

有緣的，就交往深一點；沒緣的，就交往淺一點。

只是，從我眞實的生命經驗知道，多多練習一定會進步、會成長，會更能覺察建立點滴善緣的可能性。

反覆練習保持善意去看見那活生生的每一個人，自然無礙地將善意付諸行動去幫助別人，結一個個看似不起眼的小小善緣，我們的心境會慢慢正向轉化，遇到的人事物也會慢慢正向轉化。

對人好，別人也會對我好；說人好，別人也會說我好；希望人好，別人也會希望我好。

哪怕世上再壞的人都有著想要在他發自內心敬重的好人面前，至少當一次好人的微弱善念。

這一切只是作用力、反作用力的自然規律。

我們永遠無法決定別人如何對待我們，但我們也永遠可以決定自己要如何對待別

人，這一切都只跟我們自己的心境有關。

最終我們會體悟，我們自己的心境會顯化爲眞實世界的一切人事物，最終得益的、傷害的都只是我們自己。

善意是世上最強大的自我保護，不只保護了別人，更保護了我們自己。

【積善種福，種下好命的種子】04

種福而來的人緣，發揮力量的善緣。

一個人的福報不只是累積在自己身上，更是寄存累積在無數有緣相遇的人心裡。

二〇二四年國慶典禮上，臺語超級天后江蕙復出演唱，再次感動了無數的聽眾，當然也包含了我。

當天晚上她演唱了經典歌曲《甲你攬牢牢》、《家後》、《甜蜜蜜》。

距離江蕙宣布封麥的二〇一五年，已經整整九年了。

在隔天新聞媒體報導中，得知江蕙在自己的粉絲團證實，二〇一五年封麥是因為罹患癌症，並接受了手術與反覆的化療，期間多次生死交關，肺栓塞、大出血接連而來。

甚至，連她最珍視的嗓音都受到波及，嗓子沙啞、無法開口講話。

九年來在醫療團隊的幫助，加上她個人堅強的努力下，當然還有老天的保佑，江蕙二姐又站上了自己最心愛的舞臺，唱歌給大家聽。

江蕙的故事，讓我對於一個疑問深入省思。

從江蕙罹癌封麥的二〇一五年，到復出登臺演唱的二〇二四年，以江蕙的知名度、地位、影響力，如何辦到整整九年之久，卻沒有人曝光這個消息？

不管再怎麼封鎖消息，至少有醫療團隊、醫院工作人員、經紀公司同仁知道這件事吧。

然而，不可思議的是，整整九年這則獨家新聞就像沒有發生在這世界上一樣。

如果不是江蕙自己跟粉絲們揭露，這個消息可能成爲永遠的祕密。

這在演藝圈、爆料、科技發達的時代，眞的非常難以想像。

我無法揣測答案，但如果是我自己知道了這個消息，我會願意放下私利、私欲幫忙江蕙守護這個祕密。

我希望她可以不受打擾，可以好好養病，可以有一天再唱歌給大家聽。

江蕙幾十年來從不分心，只是老實地唱歌，唱了一首首、一次次觸動、撫慰人心的好歌。

江蕙是一位令人敬重的好歌手，是一個簡單的好人。

她與無數歌迷、甚至整個臺灣社會建立了一種強大的生命連結，一種帶給彼此雙向的支持與被支持的力量。

很多人以爲幫助別人累積的福報只是在自己身上，其實更深層的福報是寄存累積在無數人的心裡。

當我們的存在本身，能夠帶給別人歡喜、希望、信心、力量，就能在別人心中留下一顆顆小小慈悲力量的種子，並隨順我們彼此的善緣，逐漸發芽、茁壯。

「把我們彼此放在心上」，就是這種心境最直白的描述。

我們都有過發自內心純然地希望一個人能夠平安的善念，不爲任何目的、不爲任何利益，只是因爲對方善良的光也曾純然無私地照破了我們生命的黑暗，讓我們將彼此放在心上。

這些寄存在無數人心裡的福報力量，會一天天慢慢無形複利增長，會在我們生命的某些時間點發揮難以想像的大作用。

人沒有自己想像的那麼厲害，一定會在生命的某些時刻需要別人，需要很多很多的人伸出援手、幫我們一把，光是純然地祈願祝福就有無盡的力量。

這是人緣，更是善緣。

【積善種福，種下好命的種子】05

自天佑之，吉無不利。

二〇二四年三月底，是知名苗栗通霄白沙屯拱天宮媽祖遶境活動期間。

我也正忙著幫葡眾公司春訓成長營在全臺灣遶境演講。

將近十場，每場都有三百到五百人不等。

也就是說，我能夠與數千位有緣相遇的聽眾結下一個個、以及衍伸無量無邊的善緣。

三月二十三日星期六，我預計在臺南尖山埤演講；隔天三月二十四日星期天早上九點，我要在雲林劍湖山演講。

因爲是週末假日，加上遇上粉紅超跑白沙屯媽祖遶境活動，從臺北到臺南的高鐵票已經非常難買。

刷了高鐵APP很久才買到一張票。

但，演講結束後，從臺南到雲林的高鐵票已經全部售罄。

還好，有皓文專程從雲林劍湖山開車到臺南尖山埤來回載我，我才能順利在晚上十點多入住劍湖山飯店。

睡覺前，我一直在刷隔天中午演講結束後回臺北的高鐵票，可是都沒有票。

隔天一早，我六點就起床刷票了，一直刷到吃完早餐、準備上臺演講前，依舊沒有票。

我死心了，已經做好從高鐵雲林站自由座一路站回臺北的心理準備。

所以，我放下手機，給自己一段深呼吸、穩心、靜心的片刻。

我告訴自己，好好專心跟同學們演講分享就好，這是當下最重要的事情。

演講順利結束後，現場近五百位聽眾湧上，想要找我簽名、拍照留念。

我心想，反正早去晚去高鐵站，都沒有對號座車票，那就留下來跟大家好好一一合照留念。

就這樣，我一組組、一對對、一個個慢慢合照，照了數百張，笑到臉都僵了。

雖然連續演講兩小時，再加上簽名拍照一個多小時，身體顯得有些疲憊。但累得很有價值、很有意義，一本簽名書、一張留作紀念的合照，或許只花我三十秒，卻是我們彼此永遠的紀念、幸福的回憶，這是一個小小的善緣。

皓文載我從劍湖山到高鐵雲林站。

一到高鐵站，嚇了一大跳，滿坑滿谷的乘客，幾乎清一色都穿著粉紅色的背心，或其他看起來就是參加白沙屯媽祖遶境活動的服飾、毛巾、配件。

售票櫃檯排著長長的人龍。

心涼的我，還是只能趕緊排到隊伍的最後面。

臨別前，我跟皓文說，如果，萬一，連自由座都搭不上，再麻煩你晚上春訓活動結束後，載我一起回臺北。

我一邊滑著手機，一邊觀看最前方售票櫃檯的情況，我發現售票小姐滿臉的疲累、不耐煩。

因爲千篇一律的對話都是：

「請問還有票到哪裡哪裡嗎？」

「沒有，今天全線客滿。」

過了四十分鐘左右，終於快輪到我了，但說實話，我眞的也只是抱持問看看的心態，畢竟都排了那麼久的隊。

我前面只剩一位詢問的乘客時，當然，對話依舊是一樣的，乘客轉身離開了。

我站上前，抱著一絲絲的希望問：「請問，還有票可以回臺北嗎？商務艙也沒關係。」

售票小姐直覺地回答：「沒有，今天全線客滿……。」

確定希望熄滅後，我正準備轉身離開。

突然！售票小姐叫住了我：「先生，如果分兩段搭車，你願意嗎？就是先從雲林站到臺中站，然後下車換搭下一班從臺中到臺北的列車。」

我驚了一下，以爲自己聽錯了，再次確認後，馬上回答：「當然願意。」立刻拿出手機刷卡。
我拿著兩張分段的高鐵實體票，覺得有些不眞實的幸運，再次轉身離開時，聽到下一位乘客也馬上跟售票小姐說：「我也願意分段買票。」
「沒票了。」售票小姐又回到一樣的表情。
離搭車還有一小段時間，我到星巴克買杯咖啡喝，看著桌上那兩張高鐵票，若有所思，抬頭轉向高鐵售票櫃檯，又讓我驚了一下，因爲每一個玻璃窗都貼上了「今日所有對號座車票均已售完」的告示。
就這樣，我在傍晚五點左右就順利回到臺北，還趕得上與老婆、虎妞、心心一起吃晚餐、看電視。
從技術上來說，我買到的那兩張高鐵票，是我詢問的那瞬間，剛好有人退票或逾期未付款，才釋放可購車票出來，而且還要剛好是雲林到臺中、臺中到臺北各一張。
我們往往都只能看到了一個表面呈現的結果，卻難以洞察背後那眞實不虛無形力量的運作。
我內心滿懷難以言喻的感恩情緒。
在我生命中，盈滿無數難以解釋的幸運，我只是一個有福報的人。
我發自內心相信，過往點點滴滴累積的善緣力量，讓神明、無形眾生都一直護佑著我。

一次次眞實生命經驗的見證，讓我越來越有勇氣不分心、老實做事。

放下心中的重擔，把一切交給神，專心做內心覺得應該做的事，一直做、一直做，我們會慢慢進入《易經．大有卦》說的「自天佑之，吉無不利」的生命心境。

既感受到自己的渺小，也感受到自己強大，因爲我們不是自己一個人，我們的身旁、身後、天上有著無數神靈始終看顧著我們，是戒惕，更是庇佑。

【積善種福，種下好命的種子】06

練習單純希望別人好，我們自己也會好。

有位讀者問過我：「一個人如果沒有錢，甚至還負債，是否還能夠去幫助別人？」

我聽過更多人說：「我現在沒錢，所以還沒有去幫助別人，等我將來有錢了，就會去幫助別人。」

幫助別人的能力確實跟有沒有錢有些關係，但卻沒有我們以爲的那麼有關係。一個人沒錢所以不願意幫助別人，其實等他將來眞的有錢了，也不見得會願意去幫助別人。

甚至可以說，這樣的心態從某種程度來說，就是他們現在賺不到錢的原因之一。

我有一個小小的好習慣。

在我每天睡覺前，會躺在床上閉上眼，憶念著今天遇到的每一個人，還有傾聽到的他們正在面臨的生命難題、挑戰、瓶頸、願望。

我會從祈願祝福自己開始，接著是家人，再像同心圓般往外擴展到朋友、讀者、當天遇到的、內心想到的每一個人；

祈願祝福他們遇到的生命難題、挑戰、瓶頸能夠順利過關，祈願祝福他們的願望能夠如實實現。

當我們在心中爲別人一個個祈願祝福，我們會自然感受到一股暖流湧上心頭，這是內心深處那充滿向善力量太陽的閃耀，是我們每個人都有的本來面目。

慢慢地，我們會鬆開自己糾結已久的煩惱，心會逐漸開闊、廣闊起來，因爲我們不只給了自己祝福，也給了別人祝福，我們想到了自己，也想到了別人。

最後，我們的心會因此慢慢穩定、平靜下來，我們會在毫無察覺的瞬間安然入睡、一夜好眠，因爲我們回到了善良心靈的家。

這樣睡前的善念祈願練習，不用花任何錢，更無關任何能力，是我們每個人都能做到的，只要有簡單的善心。

有心，有願，就有力，永遠不要小看一個微弱善的起心動念，因爲一個人的心念具有不可思議的振動頻率與顯化能量。

心念的力量會遵循著作用力、反作用力的自然規律，一切振動頻率、顯化能量終究會回到我們自己身上。

可以試想一下，我們憤怒詛咒一個人，而當那個人眞的發生了可怕厄運、甚至家破人亡時，我們眞的會感受到幸福快樂嗎？

有些人總是習慣詛咒別人，我們會發現這樣的人身上充斥著惡念惡語反彈後的戾氣，更令人驚訝的是，無數他們出口的詛咒幾乎如實反彈應驗在他們自己身上。

當每天睡前的善念祈願眞實顯化在別人生命中時，我們會感受到一種難以言喻的玄妙，彷彿我們的祈願眞的被神明聽到了，如我們所願地應驗了。

我們會覺得到自己做了一件小小的好事，累積一個小小的善緣福報。

我們不會嫉妒別人的幸福快樂，因爲這本來就是我們自己內心的祈願，我們親身參與了這個幸福快樂，一切只是如我們所願地顯化了。

光是這樣能夠爲別人的幸福快樂感受到幸福快樂的心境，就已經是無盡的善緣福報，這就是慈悲喜捨四無量心的「喜心」練習。

爲別人感到歡喜，爲這樣的自己感到歡喜，爲這樣共鳴感應、同頻共振的善緣感到歡喜，是一個人擁有好人緣的泉源能量。

因爲在無形善念累積的過程中，消融淨化了比較心、抱怨心、嫉妒心，我們轉化了身心的風水，也就是一個人的氣質、氣場。

大家變得喜歡跟我們在一起，我們的運勢也就跟著轉動了。

對人好，別人也會對我好；說人好，別人也會說我好；希望人好，別人也會希望我好。

其中，又以「單純希望別人好」最難。

這世上一切人事物的運轉，始終遵循著作用力、反作用力的自然規律，皆從一個個微弱善的起心動念開始，從練習「單純希望別人好」開始。

練習祈願祝福每一個有緣與我們相遇的人都好，我們自己也會好，最後我們大家都會一起好。

【積善種福，種下好命的種子】07

當下、積善，轉運造命的兩大支柱。

年輕時，我腦子裡總有著大大小小的計畫，各種週計畫、月計畫、年計畫。

現在的我，已經很多年不做計畫了，我只是輕鬆而專注地做好每一天的工作，好好寫一篇能夠幫助讀者的文章，好好講一場能夠利益聽眾的演講。

年輕時，我腦子裡總想著如何有規畫地認識一個個大人物，如何交際應酬、如何送往迎來。

現在的我，已經很多年沒想過要認識什麼有錢人、大人物了，我只是輕鬆而專注地好好認識今天遇到的每一個人，好好善待每一個有緣相遇的人。

並不是計畫、規畫不重要，而是多年經驗告訴我，這些對於未來預設的想法，某程度來說只是我們頭腦的妄念。

事情的發展與結果，往往跟我們想的不一樣，這句話才是生命運轉的規律。

我們的頭腦是活在各種預設的ＡＰＰ程式中，依靠著線性、邏輯性等程式語言，這是很局限、很狹隘的。

整體生命運轉的資訊量過於龐大，遠非我們一個人的頭腦可以徹底通透理解、掌控的。

說到底，其實我們一無所知。

我們只能遵循數千年來，先知們、大智慧者們揭露的某些生命規律，好好學習、好好實踐、好好省悟。

在我閱讀無數經典，加上無數眞實生命經歷，我發現轉運造命的兩大支柱，就是「當下」、「積善」。

「過去心不可得、現在心不可得、未來心不可得」，當下即是實相，當下遇到的人才是眞實的，我們可以練習善待每一個有緣相遇的人。

「一切聖賢皆以無爲法而有差別」，無爲指的是無心而爲，用淡化私利私欲後的心去利益社會、利益眾生，我們可以練習將內心一個個微弱的善念去付諸行動，去積善種福。

當下、積善，就是練習做一個活在當下的簡單的好人。

大人物往往沒有我們想像得那麼大，小人物也往往沒有我們想像得那麼小。當我們遇到需要幫忙的時刻，那些大人物不見得願意幫忙，也不見得幫得上忙。有時，反而是那些當初不起眼的小人物，會在關鍵時刻願意伸出援手，眞的幫了我們一個大忙。

現在出席大型餐會時，我已經很久沒有像花蝴蝶一樣，一桌又一桌跟人敬酒、交換名片；也不願意緊跟、攀談著那些所謂的大人物。

因爲拿了一大疊根本記不住長相的名片，縱使對得上長相，我們也不會打電話聯絡，這讓我覺得根本是浪費時間。

因爲聚焦那些大人物，說著一些阿諛奉承、逢迎拍馬的話，回到家後，連我自己都覺得有些噁心。

所以，我只願意好好認識、善待跟我有緣坐在同一桌人，無論貧富貴賤、高矮胖瘦。

我相信的是，當下一個個微小不起眼的善緣。

這世上所有正道、大道都是這麼簡單、不可思議、簡單到不可思議。

只有最簡單、最純粹的心靈，能夠與天地感應，能夠與神同行，這就是易經大有卦「自天佑之，吉無不利」的智慧。

我的每一天只是不分心、老實地做內心覺得應該做的事，讓自己的每一天有一點點小小的意義。

不斷實踐「當下」、「積善」，我慢慢成爲了與善緣同行、與神同行的長期價值主義者，時間成爲了我最好的朋友。

我也因此親身見證了無數善緣顯化的力量，更謙卑見證了生命的無限可能性。

PART 8

有福報才會做得到，做得到才會有福報

【有福報才會做得到，做得到才會有福報】01

看遠不看近，老花眼的人生智慧。

眼科醫師說過，幾乎所有人到了一定年齡後，都會有老花眼，快則三十幾歲、慢則四十幾歲。

沒有人喜歡自己有了老花眼，彷彿宣告自己有年紀了，近的東西看不清楚，都要拿遠看、手機字體都要放大，很不方便也不帥氣。

我身邊一位大哥，是建設公司的老闆，五十幾歲有老花眼很正常，平常也都保持運動、維持好身材，外表看起來比實際年齡年輕許多。

有一天，他還是認命地配了一副可以看遠、看近多焦點的眼鏡。

我問他爲什麼要配？

他說，有一天出門吃飯看菜單，因爲老花，就得把眼睛拿下來、或掛在額頭上，已經覺得有些顯老了。

結果有一次，吃飯吃到一半，找半天找不到眼鏡，最後竟然在自己的頭上。

覺得超沒面子，很不帥氣，才決定好好配一副多焦點的眼鏡。

以前年輕時，我不覺得老花有什麼了不起，也覺得自己才不會老花。

但四十幾歲現在的我，慢慢明白，人到了一定年齡，就是會老花啊。

原本我也是很難接受，但慢慢有了一些生命的善解。

其實，老花眼是老天安排的禮物，其中有著生命規律與智慧。

短視近利，是很多人的通病；吹毛求疵，也是很多人的缺點。

老花眼就是要啟發我們，人生到了一定年紀、累積一定的人生閱歷後，凡事要看遠一點，不用看得那麼近、那麼仔細。

尤其是對於別人的瑕疵、缺點，更要有模糊、忽略的寬大心胸。

年輕的時候，常常看很多人不順眼，覺得怎麼可以這麼不努力、不拚命，明明一堆毛病、缺點都不肯下定決心改，好好學習成長。

然而，當我不斷用自己的態度、標準去看待、要求別人時，別人往往不見得會改，更多的只是矛盾、衝突，越用力，我的人緣就越差。

現在的我，慢慢練習用寬容的視角看待別人的問題，不聚焦、不執著於細微對錯好壞，而是以長遠整體的善良、善解去對待一個個活生生的人。

只要是人，誰沒犯錯的時候，誰沒發懶放空的時候，誰不是一身毛病、缺點呢？我們不見得比別人少啊。

有一點點老花後，再也看不清楚別人細微分岔的頭髮，看不清楚牙齒縫中的細小菜渣。

所以我慢慢練習看大一點、看遠一點，培養對於枝微末節瑕疵的鈍感力，我的人緣也慢慢慢好了起來。

這讓我體悟，難得糊塗是修養、更是智慧啊。

不要跟無常的自然規律對著幹，人生的每時每刻都在隱微的、持續的變化之中，能夠從中洞察生命不同階段的啓示，就能體驗不同階段人生的美好。

放過別人，就是放過自己；放過完美無缺、如你所願的執著，就能體會大巧若拙、大辯若納的大智慧，更是平凡簡單幸福快樂的根源所在。

人與人相處的最高境界，是自在；跟自己獨處的最高境界，更是自在啊。

【有福報才會做得到，做得到才會有福報】02

失去是最大的得到，放下是最高的得道。

人的一生從小到大拚命學習各種如何「得到」的知識、技能，但到了一定的生命境界後，就要開始學習如何淡然地接受「失去」。

想要得到學歷、能力、金錢、地位，是自然的人性，或許能不能得到很多有一定的命數，但基本上只要夠努力也都能獲得某種程度的擁有。

因此，如何「得到」並不是很高層次的境界，學習如何失去生命中必要的失去，也就是「放下」，也就是「捨」，是更難、更高的生命境界。

不信的話，看看我們自己衣櫃裡的衣服、鞋櫃裡的鞋子、書櫃裡的書，眞的，花錢買、堆滿櫃子不難，斷捨離才是眞正的難。

買，只要有錢、喜歡就可以；捨，卻有著很複雜的各種情緒，捨不得、回憶、內疚浪費等。

當我們買到一個自己喜歡的東西是開心的，但這個開心很快就消失了，看著堆滿、無序的櫃子，快樂很可能就轉爲煩躁、痛苦了。

有時反而看到衣櫃、鞋櫃、書櫃斷捨離後的清爽、清空更開心，可以開心更久。

得到，是開心的；放下，是更開心的，可以開心更久的。

這就是失去生命中必要的失去——「捨」的智慧。

這件事說起來容易，做起來很難，但我們可以練習從任何一個小小的地方做起，從一件衣服、一雙鞋子、一本書、一個雜物小抽屜的斷捨離開始。

或許丟棄，或許回收，或許送給下一個有緣人。

一開始很難、很掙扎，但不用著急、要有信心，我們會越丟、越送、越順手，越來越淡然、自然，我們心靈的敏銳度也會越來越清澈透亮。

我們會慢慢從極簡的生活中，留下我們生活中最少必要有用的一切，留下我們最喜愛、最珍藏的衣服、鞋子、書。

慢慢地，我們會將這樣的練習擴展到更難的人際關係上。

練習有緣的就交往深一點，沒緣的就交往淺一點，甚至就爽快、痛快地斷了吧，就像年終大掃除一樣。

人一生能夠交往的對象是有限的，眞正值得深交的人更是極爲有限的，這是生命的實相。

每天疲於奔命的應酬、送往迎來，縱使排滿了星期一到星期天，能夠有實質意義互動的人數終究還是很有限的啊。

更何況，到頭來我們會知道，這其中絕大多數都只是泛泛之交，甚至只是換了數百張根本對不上臉的名片。

講得更深一些，人脈從來就不是越多越好，一般人往往只看到交往人脈的好處，我卻反而看到交往人脈更深層的風險。

交往一個人，其實就是引進一個人進入我們的生命圈中，如果這個人是垃圾人、病毒人，那就有可能爲我們埋下不可預料的禍根、帶來不可預測的禍害。

人生的壽命、資源、能量有限，所以我只願與生命中最少必要有意義的善人交往，這讓我時刻感受到自我價值、溫暖連結，感受到自己眞正地活著。

與善人同行，是一切人脈交往的底層邏輯啊，更是安身立命的根基啊。

最終我們會體悟，原來失去才是最大的得到，放下才是最高的得道。

我們得到了平凡簡單的生活，得到了平凡簡單的智慧，擁有了平凡簡單的善緣福報。

【有福報才會做得到，做得到才會有福報】03

學習「水」的智慧，
像水一樣地活著。

不要把別人講出口的話看得太重，更不要浪費時間去糾結，因爲，那通常不是眞的。

在社會上的某些場域中，一直存在著某些結構性的偏見、歧視，例如性別、血緣、出身、學歷、原住民、新住民等。

這些偏見、歧視形成了當權者的底層思維、信念，會直接間接、或顯或隱地表現出來。

對了，他們往往會用某些話術或藉口來掩飾、包裝、閃躲內心那些扭曲的價值觀。

無論你表現再好、貢獻再多，這些當權者頂多給予和藹可親的讚美，但當你眞的要上位、主事時，他們就會道貌岸然給出各種理由阻礙你。

這就是所謂的「天花板」。

如果你從地上撿起這些理由，認眞去解決、突破、改變，那你就掉進他們的陷阱中，總有一天會發現自己只是在疲於奔命地浪費人生。

因爲，你只會得到下一個理由，無止盡的理由；因爲，你永遠無法消融他們根深柢固的偏見、歧視。

就像你永遠不可能爲了迎合他們，而把自己從女的變成男的一樣。

那該怎麼辦呢？

練習「水」的智慧，像水一樣存在著。

能直走就直走，不能直走就繞路走；

不能繞路走，就等待、蓄積能量成爲湖泊，成爲潰堤的洪水；

或者蒸發成細雨，隨風潛入夜，潤物細無聲，千變萬化、高深莫測；

精髓就是，永遠存在著、永遠被需要、永遠不離場。

不離場，不是指待在同一家公司，而是不離開人生的賽場，不因爲這些天花板而放棄退場，持續創造自己被需要的存在價值。

記得，我們參與的是一場人生的無限賽局。

相信時間會成爲我們最好的朋友，新的、好的局面終將到來。

重點是，不要搞錯方向，不要限制自己、扭曲自己去配合那些既得利益者，這只會消耗我們珍貴的生命能量，而且徒勞無功，最後弄得自己像小丑一樣搞笑。

不要氣、不要急，慢下腳步，想想自己身後這麼多相信我們、支持我們、需要我們、跟隨我們的人，這些人永遠才是最重要的。

聽從自己內心的聲音，去幫助更多眞正需要我們的人，我們的力氣才用對地方了。

點跟點之間最近的距離不是直線，有時眼前的問題不是眞正的問題，有時答案反而在轉身之後看見的那群跟我們生命有深厚善緣的人。

依循著善念的暗示，隨順著善緣的指引，我們會慢慢找到自己的路。

或許留在原地，或許轉身離開，或許開創自己的事業，只要依循著善念、善緣，結果往往也會是比較好的。

這沒有標準答案，但這也是我生命眞實的經驗。

無論在什麼職位、在什麼地方，不要分心，老實做事，柔韌、持續、點滴去做我們內心覺得應該做的事，一直做、一直做就對了。

永遠存在著、永遠被需要、永遠不離場，像「水」一樣活著就好。

【有福報才會做得到，做得到才會有福報】04

一個簡單的好人，會有家人善友相伴終生。

好人好講話，所以常常被欺負，但絕不會被拋棄，因爲任何人都希望與好人常伴一生。

壞人不好講話，而且擅長記仇、報復，所以不常被欺負，但終有一天會被拋棄，因爲沒有人願意跟壞人在一起一輩子。

當我們跟一個好人互動時，因爲沒有壓力、沒有顧忌、自在隨意，會不自覺「犯規」。

例如，跟他們約好的時間稍微遲到一下；總想凹他們幫忙；喜歡拿他們開玩笑。因爲我們認爲他們人好、脾氣好、總會原諒我們。

當我們跟一個壞人互動時，因爲戰戰兢兢、如履薄冰、謹言愼行，會時刻警戒不要「犯規」。

因爲我們知道他們人壞、脾氣壞、不會原諒我們、會報復我們。

這樣人際互動的差別待遇是不對的，但也無法否認人性欺善怕惡的自然反應。

曾聽過一位黑道大哥說過：「讓別人怕你，比讓別人愛你更安全。」

年輕時覺得這句話有道理，尤其因爲善良吃過幾次虧、被發過幾次好人卡後，更深信了。

所以總用各種氣勢姿態、言行舉止來武裝自己，直接間接地告訴所有周遭的人：

「你惹不起我。」

經過很多年，尤其爲人父母後，我慢慢體悟這句話的致命錯誤。

當全世界的人都怕我們，哪怕很安全，我們將註定、已是孤獨的人。

人一輩子最可怕的不是窮、不是病、甚至不是死亡，而是時刻感受到自己是一個人孤單地活在這個世界上。

孤獨，是可怕的生命狀態，一切身心疾病幾乎皆從孤獨開始，包含自殺。

哪一個爲人父母的人沒被孩子欺負過、沒被孩子氣到發抖、暴怒失控過？

孩子爲什麼毫無顧忌地違逆父母，道理很簡單，因爲他們知道父母是世上最愛他們的人。

反過來，如果自己的孩子在我們面前謹小愼微、瞻前顧後、行禮如儀，這樣的親子關係是我們想要的嗎？

愛一個人，本來就有風險；當我們把自己的心敞開去接受別人、寬容別人，本來就是有風險的，但，我們也因此會得到更多、難以想像的多。

愛，是豐盛的生命狀態，生命的一切美好皆從愛而來。

給出愛的人，最終自己也會得到愛。

因爲每個人到最後都只想要跟簡單善良的人在一起，包含子女也只想跟簡單善良的父母在一起，這是很簡單的道理。

能夠恆久忍耐、又有恩慈地付出愛的人，是有大福報的，因爲神常與善人同在同行，所以常與善人同在同行的人也會同頻感應、同受福佑。

爲什麼「積善之家，必有餘慶」，不是寫成必有「大」慶，而是寫成是剩餘、結餘的「餘」慶呢？

因爲一個累積深厚善緣福報的人，不代表一輩子都不會遇到不好的事情，但人生最後的結餘、結局一定會是好的，這是「積善之家，必有餘慶」的眞義、深義。

一個簡單的好人，不一定能夠一生順遂，過程或許艱難、或許坎坷，但結局一定會是好的，而且，有無數親人、貴人、善友相伴終生，始終與神同在。

【有福報才會做得到，做得到才會有福報】05

積善，是聰明人遠不如老實人的人生正途。

這世上有些事情只有「知道」是不夠的，縱使做到了也是不夠的，必須一直做、一直做下去才會有深刻眞實的了悟。

甚至，隨著實踐的時間、深度的不同，會有不同層次的體悟，最後淬煉爲光明閃耀的生命智慧。

積善，就是這樣的一條道路，一條聰明人遠不如老實人的人生正途。

很多人聽到「積善」兩個字，只是很直觀的認爲，就是做好事而已，沒什麼了不起。

但我們反問自己，知道了這件事，我們有做到嗎？在過去一年裡，我們有做到什麼樣值得自己感到驕傲的善行嗎？我們的心境因此有了什麼樣的轉化嗎？

絕大多數的人一輩子都只是活在「知道」的境界。

然後，用這些「知道」去分析別人、論斷別人，哪怕可以講得頭頭是道，但其實對自己的生命沒有絲毫的助益。

唯有實際捲起袖子、伸出援手去「做到」，並從中感受到、體悟到的生命歷練，才是自己的。

當我們將內心微弱善的起心動念去付諸行動，會感受到一股難以言喻的溫暖，內心充盈著滿足感、成就感，我們會覺得自己很棒。

這樣的光明印記會烙印在我們內心深處，歷久不衰、歷久彌新、越陳越香。

這一個個累積的善緣印記，會時常浮上心頭提醒我們做正確的事，會引領我們度過生命的低潮與逆境、瓶頸與挑戰，甚至是生命的大劫大難。

我們會明白，生而爲人最重要的，就是深刻接觸一個個活生生的生命，並持續做我們內心覺得應該做的事。

當深刻接觸的生命越多、累積的善緣越深，我們的分析與論斷別人就越少，這是自然的現象，更是智慧。

因爲我們會明白，自己永遠沒有自己想像地了解一個人，我們從未看清一個人生命的全貌，原來我們的分析與論斷都只是片段、盲目、破碎的閒言閒語。

人身難得、生命短暫，做正事都沒有時間了，哪裡有空耗費壽命、浪費精氣神去批評、評論別人。

講得再多、說得再好，我們的生命不會有絲毫的改變、成長，只會加深我們自我傲慢、勝敗鬥爭的習性而已。

積善，是如此的平凡、如此的老派，但卻是不可思議、眞實不虛轉運造命的樞紐。

當不斷走在積善種福的人生正途上，我們會慢慢感受到心境的轉變，不再盲目追

求外在世界的認可，不再被無關緊要的閒言閒語干擾，逐漸找回內心的從容與淡定、韌性與堅定。

因爲我們明白這一切跟別人無關，只跟我們自己有關，也就是我們自己到底想要成爲一個什麼樣的人。

當善緣福報不斷累積，我們只會持續變得更加平凡。因爲我們體悟到，原來幫助別人最大的福報，只是讓我們更願意、更自然無礙地幫助別人，如此而已。

我們成爲了一個平凡簡單的好人，一個老天護佑的老實人。

【有福報才會做得到，做得到才會有福報】06

能「成事」的人，要懂得「乘勢」。

人的意志力是有用的，但過了某個臨界點後，意志力的用處就會大幅度降低，終究，人還是要懂得順應自然。

活在這世上，人的意志力可以帶領我們去完成很多事情，堅持、忍耐、毅力都是意志力的展現。

「千軍可以奪其帥，匹夫不可奪其志。」意思是說，一個人的意志是最難被改變的，也就是一個人深層的執著力量是很強大的，可能執著好的，也可能執著壞的。

但在我看來，無論這樣的意志力再強大，都是有極限的。

就像一個臺灣人如果在嚴冬去日本北海道旅遊，只穿短衣短褲，光靠意志力可以抵禦零下二十度的天氣嗎？可以撐多久呢？

硬撐是沒有用的，解決的方法也很簡單，只要順應外在環境穿好、穿暖就好，不用費力，也用不到珍貴的意志力。

這就是「順應自然」的簡單智慧。

人生很多事情需要靠意志力才能完成，但，人生有更多事情光靠意志力是無法完成的，硬撐、硬碰硬只會事倍功半、卡在瓶頸，甚至是撞牆、頭破血流。

尤其是在處理「人」的事情上。

山不轉，路轉；路不轉，人轉；人不轉，我轉。

意志力所展現的是靠自己，這是知識、技能、專業；順應自然所展現的是靠人、靠時、靠勢，這是實相，更是智慧。

很多人對於堅持己見引以爲傲，覺得堅持己見是一種美德，更是一種勝利。但自我的意見、信念，眞的是對的嗎？會不會只是一種自我想像的正確？

我們都看過有些人遇到某些事情，就只會硬撐在哪裡，既不溝通、也不妥協，不知道在硬撐什麼，硬撐到底，最後往往也只會讓所有人一起輸得更徹底。

這些人往往把自己看得太重，把自己的意見跟自己這個人黏得太緊，似乎意見被挑戰、被嘗試改變，都是對自己這整個人的徹底摧毀。

這就是「想太多」的症狀。意見永遠只是意見，只是一堆念頭、情緒的堆疊，只是過往記憶、信念的顯化，跟我們這個人，或者說跟我們心的本來面目沒多大關係。

記憶形成信念，記憶形成念頭，記憶形成情緒，一切都只是記憶的重播。

就像看電影播放一樣，當我們能夠知道自己在看電影，就知道電影不是我，我不是電影，無論再精彩，電影永遠只是一部電影。

同樣的，當我們能夠看著自己的記憶、念頭，就知道記憶、念頭不是我，我不是記憶、念頭，念頭永遠只是念頭，一切都只是記憶的重播。

覺，就是知道；照，就是看著。持續練習只是知道、只是看著卻不反應，就是

「禪修」的基本動作。

不反應，不是爲了成爲木頭人，而是爲了練習眞正地看見。隨意反應就像攪亂充滿泥沙的水桶，什麼也看不清楚；練習知道、看著、不反應，才能讓泥沙慢慢沉澱，讓水慢慢回歸清澈，才能照見一切。

當我們不斷練習覺照，會逐漸增長自己的心靈能量，讓我們不只看見自己的內心戲，更能慢慢看見別人的生命。

練習看見自己、看淡自己，進而看見別人、看重別人，我們才能慢慢看見自己與無數人共通的人心、人性、人欲，我們會體悟一切都是自然的，一切都是本來面目。

「得人心者，得天下」，人心、人性、人欲就是局勢、就是天下大勢。

懂得順應滿足最大公約數的人心、人性、人欲，就是懂得順應自然、順應時勢，才能讓我們的善念意志順風順水地去圓滿更多、更大的好事。

想要成爲一個能夠「成事」的人，要練習懂得「乘勢」，要練習讓整個過程毫不費力、自然無礙、水到渠成。

無論成就了再大的功績、功業，都只是無數人自我意志的顯化，我們只是微不足道、隱而未顯的小小善緣，我們的存在只是讓每個人成爲本來就想成爲的、更好的自己。

這就是易經乾卦：「元、亨、利、貞」中的「亨」，也就是亨通、通達的智慧。

大白話的解釋，就是走到哪裡都會「通」的意思啦。

【有福報才會做得到，做得到才會有福報】07

一個真正大善人的命，是算不準的。

宸玲是我的朋友。

宸玲從小長得就很可愛，長大後更是花容月貌、脣紅齒白，才國一就已經有一六八公分的高挑身材。

媽媽從小帶宸玲算命，長大後宸玲自己也喜歡算命。

幾乎每一個命理師都跟宸玲說，你「水人沒水命」（臺語：美人沒有美命），這輩子不要結婚，只要結婚一定會離婚。

宸玲起初不相信，想要透過努力找到幸福，但經歷幾段不如意、痛苦的感情後，慢慢也就相信了。

宸玲決定一輩子都不要結婚，她心想著只要不結婚，就不會離婚，就不會經歷婚姻的不幸福，最後走到離婚的結局。

經過很多年，宸玲確實沒有結婚，遇到一位男人，雖然男的很想結婚，但宸玲堅持不願意結婚。

後來男的做生意失敗，欠債跑路了，也拖累宸玲賠光了積蓄。

宸玲依舊沒有結婚，但她跟那個男的生了兩個孩子。

宸玲現在依舊沒有結婚，也確實沒有經歷婚姻的不幸與離婚，但卻一個人獨自撫養著兩個孩子。

這時的我，聽著她抱怨命運的不公，喃喃自語訴說著自己是一個歹命的油麻菜籽命。

油麻菜籽命，形容的是一個人的命運像油麻菜的籽隨風飄散，落到哪裡，長到哪裡，是一種認命的宿命觀。

這讓我深思，不知道是命理老師算得很準，還是宸玲把自己的命過得很準。

每個人的命數是有的，不容易改變也是眞的。

當我們信命、認命後，命也就眞的固定不變了，也就被人算得準準地、拿捏地準準地。

命，爲什麼難改？

因爲一個人的性格往往決定了自己的命運，而性格也往往是一個人最難改變的。

反過來說，當我們的性格能夠慢慢改了，命也就能在不知不覺中慢慢改了。

我始終相信人擁有轉運造命的無限潛能，而積善種福就是轉運造命的善緣種子。

或許，我們窮極一生，不見得可以轉化外境如我們所願，但可以練習將內心一個個微弱善的起心動念去付諸行動、去幫助別人的過程中，累積善緣福報，轉化我們自己的心境。

當我們的心境轉化了，看待人生中一切人事物的生命視角也就跟著轉化了。

至少我們能過著不抱怨掙扎、問心無愧，擁有平靜心靈的人生。

當持續累積善緣福報，突破某個玄妙的臨界點時，眞的不只會轉化我們的心境，連外境也會跟著改變。

這道理很簡單。

當我們的善念不斷累積，我們的心會慢慢轉化，我們整個人的氣場、氣質也會慢慢改變，這就是所謂「相由心生」。

大家慢慢變得喜歡跟我們在一起，在幫助無數人的過程中，我們慢慢成爲無數人生命的貴人，也慢慢吸引了無數貴人來到我們的生命之中，好事也一件一件自然無礙地發生了。

不只聚集了好人來到我們身邊，連壞人也不捨得傷害我們。

因爲一個再壞的人，也想在他發自內心敬重的好人面前至少當一個好人。

善緣福報的力量不止於此，不只是入世間，更是出世間的，雖然眞實不虛，卻已經非文字語言可以描述，非頭腦可以理解，只能等待我們自己親身去體悟驗證了，這就是所謂的「不可思、不可議、不可思議」。

每一個人的命講到底，是每時每刻持續變動的，不只是命，而是這世上所有的一切都是變動不居的，這是生命的無常眞理。

在生命的無常中，很多人只看見了失望，而我卻看見了無限轉運造命的希望。

生命的改變，就從積善種福的心念開始，只要開始，路就不遠了。

數學無限大的符號「∞」，計算機加減乘除是按不出來的。

一個眞正大善人的命，是無法被算的，是算不準的，因爲，善緣福報的力量是無限大的。

【有福報才會做得到，做得到才會有福報】08

平凡的小人物，也有不平凡的光亮。

原來，這位賣狀元糕的大姐一直都還在啊……。

從我大學時起，就很喜歡吃狀元糕，故事是從這位大姐開始。

她的狀元糕眞的超級好吃，鬆軟、Q彈不黏牙，現點現做熱騰騰。

記得當年準備律師考試壓力很大，心情沉悶、煩躁，只要路過狀元糕攤，買一份狀元糕，尤其是冬天寒冷的天氣，吃到暖呼呼的狀元糕時，都會覺得心情好了起來，放鬆了下來。

當年她在臺北的補習街（南陽街）擺攤，後來，我就再也看不到她了，也再也吃不到這個好味道了。

雖然我吃過不少知名餐廳，甚至包含米其林餐廳的狀元糕，都比不上她的。

或許，這其中包含著當年補習考律師執照、在南陽街教書時，辛苦又幸福的回憶。

這麼多年過去了，原來，她不是不賣了，而是換了一個地方。

現在她改在臺北市漢口街、懷寧街口（老蔡水煎包的門口）賣。

就在今天讓我無意間遇上了。

在我印象中，她一直風雨無阻勤奮地賣狀元糕，是一個很偉大的母親，因爲她憑自己的力量撫養女兒長大。

我記得當年在她旁邊跑來跑去的那個四、五歲小女孩，看著媽媽比劃著手語，似懂非懂……。

對了，這位靠自己努力賣著超好吃狀元糕的大姐，是一位聽覺、言語功能障礙者。

請大家跟她買狀元糕時，照著攤子前方的菜單板子上的圖片，指出要購買的數量、口味，各半就用雙手左右分開。

這天我買了十四個芝麻、花生口味各半，只花了一百二十元，一顆竟然不用十元。在這個年代，這是什麼樣的價格啊。

看來她眞的不是精明的生意人，只是一個靠著自己的手藝，勤奮賣著一顆一顆現點現做狀元糕的老實人。

我想，當年那個小女孩現在應該長大了吧。

不知道大姐有沒有認出我，也只是禮貌地對我微笑，兩隻手的四指握住、拇指不斷地上下點著，我知道這是手語「感謝」的意思。

在她的笑容中，我感受到履行生命責任母親的偉大，感受到她目前應該與女兒過著相依爲命、平凡簡單的幸福生活。

我也超開心的，狀元糕跟當年一樣好吃啊。

後來，我在臉書粉絲團分享了這個小故事，結果有數十萬的觸及人數，很多讀者專程到這個小攤子購買。

加上她的狀元糕眞的好吃，口耳相傳後，生意更好了。

大姐剛開始有些一頭霧水，後來她朋友跟她分享了這件事，也介紹了我的故事。因此，她到粉絲團傳了私訊給我，所以我知道了她的名字叫「秀梅」，也知道了更多她的生命故事。

秀梅跟我分享同學們、考生們與她的善緣故事。

「我之前常跟阿姨買，覺得阿姨很親切，很溫暖。之前在附近補習，現在考上北醫醫學系了。以前考試壓力大時，看見開朗的阿姨，心情又愉快了起來。未來我會帶著阿姨的溫暖，成爲一位好醫生，謝謝阿姨像太陽一樣溫暖。」一位大學生親筆寫給秀梅的便條紙，秀梅珍惜收藏著。

「謝謝老闆娘，您的狀元糕是我吃過最好吃的。我是今年在附近補習的學生，希望明年可以順利成爲狀元，考上醫學系。」一位高中生把這段話打在手機螢幕上，秀梅用自己的手機翻拍留念。

一個女人要獨立撫養女兒長大，肯定付出了難以想像的心力，更何況是一個有著聽覺、言語功能障礙的母親。

但秀梅燦爛的笑容，絲毫看不出生命艱難的傷痕，甚至一直用著看似不起眼、盈滿祝福的狀元糕幫助影響了無數學子，這是多麼堅韌而慈悲的生命力量。

我深深感受到，秀梅是一個有大福報的人。

在我的生命價值觀認爲，**一個能夠不逃避，勇敢承擔並履行命中註定責任的人，就是一個成功的人；一個能夠在社會任何一個小角落，不分心、老實做事，持續點點滴滴散發光明力量的人，就是一個很了不起的人。**

秀梅就是這樣一個平凡又不平凡的小人物。

卻也總是這樣小人物的故事讓我很受觸動、備感敬重，也從與秀梅的生命善緣，讓我更懂得知福、惜福、種福、培福。

我跟秀梅成了朋友，我也持續光顧了難以計數的次數。

後來得知，秀梅的女兒小華已經三十四歲了，健康平安長大，善良懂事，是一位在婦產科服務的專業護理師。

秀梅總會提醒我，狀元糕沒有放防腐劑，只用最純粹的在來米粉、糯米粉、花生、芝麻餡料，一定當天就要吃完喔。

秀梅的狀元糕，在我的生命記憶中又一次光亮了起來，除了好吃，更多了溫暖的生命連結。

【有福報才會做得到，做得到才會有福報】09

願意相信、願意做到，就是福報。

「知道」跟「做到」之間的距離，就是一個人的福報。

其實，從小到大上了那麼多年的學、讀了那麼多年的書，成功的道理我們都知道。

所以，我們不需要更多的知道，而是需要更多的做到。

但道理都知道，爲什麼就是做不到？

縱使一時因爲喝了某些雞湯，受到某些激勵後，奮起個幾天，就又打回原形了。該上班上班，該工作工作，該幹麼就繼續幹麼，一樣走回原路、老路。

似乎有一股遠大於頭腦意志的無形力量一直牽制著、驅動著我們。我們可以給它找到各種命名，例如惰性、意志薄弱、恐懼、焦慮、怯懦等等。

但，其實這股力量可以總括爲一句話，那就是「業障」，是一股無形卻眞實不虛的障礙力量。

一個人如果沒有一點一滴消除這些障礙，上再多課、讀再多書，知道再多大道理，效果都是很有限的。

這股無形的力量，不存在於頭腦意志之中，或者講得更深一些，是我們生命的基礎背景，而腦海中浮現的念頭、情緒都是從這個基礎背景顯化而來的。

更白話的比喻，就是大海與波浪的關係。

所以，一直在大腦層次中努力，一直想要知道更多、記憶更多，就像一直追逐波浪一樣，無論再大的浪都是轉瞬即逝的，相較於大海更是渺小、無力的。

我們必須練習轉心向內，才能找到生命的出路。

無形的障礙力量，只能透過同樣是無形的福報力量才能一點一滴消融的。

這有一點類似血管中堵塞的血脂肪，一點一滴消融、清除、通血管，才能讓我們的生命自然無礙、順暢流動起來。

很多人誤解要累積善緣福報，就是要去做善事，要有錢、有閒。有錢、有時間願意去幫助別人，確實是一件好事。

但其實，一個人要累積自己的善緣福報，不用花什麼錢、也不用花什麼時間。只要練習將內心一個個微弱善的起心動念去付諸行動、去幫助別人就好。

從小我給兩個女兒除夕夜的紅包袋上，都會寫上這段話當作祝福：「對人好，別人也會對我好；說人好，別人也會說我好；希望人好，別人也會希望我好。」

或許有人會懷疑說，對人好，別人就一定會對我們好嗎？說人好，別人就一定會說我們好嗎？希望別人好，別人就一定會希望我們好嗎？

這也不相信、那也不相信，總是抱持懷疑論而停步不前，其實就是一個人生命的障礙。

這世上充滿無數難以控制的人事物，甚至講到底，我們幾乎什麼都控制不了。我們唯一能夠控制的，就是自己決定要成爲願意對人好、說人好、希望人好的一個簡單的好人。

我發自內心相信，這是一條簡單、良善的人生正途。

願意眞心相信，願意腳踏實地去做到，其實就是一個人的福報。

做到就是福報，福報就是做到。

更重要的是，當我練習對人好、說人好、希望人好的每個瞬間，我的內心都是溫暖的、幸福的、盈滿成就感的。

就是這股溫暖、幸福、成就感，驅動著我一次又一次做到。

到最後我更體悟到，原來幫助別人最大的福報，只是讓我們更願意、更自然無礙地幫助別人，成爲一個簡單的好人。

就是這個自然無礙地做到，很珍貴、很難得啊。

當放鬆內心的懷疑、期待、算計，練習只是單純對人好、說人好、希望人好，我的生命也慢慢有了無形卻眞實不虛的轉化，我遇見了一個個也同樣願意對我好、說我好、希望我好的人生貴人。

這些善緣顯得那麼自然無礙、順暢流動，我只是眞心相信、眞正做到，我只是一個有福報的人啊。

【有福報才會做得到，做得到才會有福報】10

存著小小善念，
說著小小善語，
做著小小善行。

以前跟讀者分享我的生命故事時，總會傾盡全力、毫無保留地分享我一路走來的心路歷程，期盼總結出具體可行、可複製的成功方法給大家。

經過這麼多年的經歷、驗證後，我從中感受到自己的無知與渺小。

每個人的生命歷程都是獨一無二的，我們無法將自己的生命歷程複製在任何人身上。

我豆干厝貧困的童年、踩著三輪車賣臭豆腐的父母親、羽球運動員生涯的性格養成、拚命讀書考上臺大法律系、考取律師執照的意志力、爆發力、抗壓力，都是我獨有的生命經驗。

哪怕我總結任何的方法論，都不一定能夠套用在別人的身上。

硬套，對方不一定做得到；縱使看似做到了，每個人都還有自己的命與運，最後的結果也不一定會如他們所願。

命運的運轉力量，往往遠大於我們個人的意志。

自以爲做了什麼以後，就一定可以得到什麼樣的結果，這是對於生命幼稚又愚蠢的想法。

現在的我，已經不再分享任何所謂成功的方法論，更不輕易介入任何人的人生，讓每個人用自己的生命節奏好好呼吸就好，在自己的命與運之中好好活著就好。

我依舊分享著一個個自己眞實的生命體悟，但持續練習看淡自己的分享，讓自己像冬天溫暖的太陽一樣，只是溫暖、溫和地照耀著，卻沒有一定要聚焦在什麼人身上，也沒有一定要看到什麼具體的改變。

我只是**不斷練習善待每一個有緣相遇的人，讓自己成爲無數人生命中一個小小的善緣**。

存著小小的善念，說著小小的善語，做著小小的善行，有能力就幫忙別人，沒能力至少不傷害別人。

說來弔詭也令我感動的是，這樣持續地看淡自我與鬆開執著後，反而在一個個活生生的讀者生命中，見證善緣種子的發芽茁壯、開花結果。

這讓我慢慢體悟到，或許不見得每個人都能功成名就、賺大錢；但我也深信每個人都能透過善緣累積的福報力量，一步一步走出自己獨一無二積善種福的人生正途，見證自己的轉運造命。

【有福報才會做得到，做得到才會有福報】11

榮耀，是獻給父母最好的禮物。

接近畢業季時，我總會想起小時候的事。

家裡賣臭豆腐，我全身總散發著若有似無的油膩味道，拿到學校繳費的鈔票也總是一張張油膩的鈔票，要說內心沒有絲毫的自卑感是騙人的。

但，我並沒有讓內心的自卑感擊敗，我承認、接受這樣的自卑感，然後付出遠超過任何人的努力讀書。

我知道這是我們家翻轉貧窮命運的唯一機會，是我肩膀上不可逃避的生命責任。

我阿爸阿母幾乎沒上過學、沒念過什麼書，所以從小到大他們從未教過我讀書，也不曾管過我讀書的事情。

但我知道阿爸日以繼夜踩著三輪車賣臭豆腐養我，知道阿母隨時準備煮好吃的飯給我吃，照顧我生活的一切。

我知道自己很幸福，只要專心做好一件事，就是拚了命地讀好書。

阿爸阿母看不懂我的功課，但成績單上第一名的名次還是看得懂的。

每當我拿著成績單回家，讓他們在第一名旁的家長簽名欄簽名，他們臉上泛起的笑容，就是我義無反顧、毫無保留地讀書的驅動力量。

每次爲了參加我的畢業典禮，阿母會穿上衣櫃裡唯一稍微體面的那件衣服，阿爸會穿上他一輩子唯一的那雙皮鞋，儘管如此依舊難掩他們的局促、不自在。

然而，只要他們到了我的畢業典禮會場，阿爸阿母內心的不安、緊張就會消逝無蹤，雨過天晴。

因爲只要一踏進會場，同學、老師們都會很熱情地接待他們，因爲大家都知道，他們倆就是那用三輪車臭豆腐攤養育了許峰源長大的父母親。

從小學、國中、高中，我從未讓阿爸阿母漏氣過，三次畢業典禮都是縣長獎、縣長獎、縣長獎。

人生或許會因爲某些起跑點的劣勢，感到些許的自卑，但我們也能夠靠自己的雙手拚出讓所有人敬重的成績。

這時，所有當初的自卑感會一掃而空，把劣勢轉化爲溫暖光明的優勢，因爲我們寫下了感動自己也感動無數人的生命故事。

臭豆腐攤的孩子，不再是我自卑的傷痕，而是我出身社會底層的光榮印記。

阿爸阿母知道縣長獎是第一名，從他們笑開懷的臉上，我深深感受到自己拚命的一切都值得了。

我深深體悟到，子女給父母最好的禮物，就是榮耀。

我手邊能夠保存留念與阿爸阿母合照的實體照片不多，畢竟當年家裡也沒有照相機。

在我極少數的照片中，有一張我珍藏多年的照片，就是我三重高中畢業、領縣長獎時，阿爸阿母跟我與當時的臺北縣長蘇貞昌合照。

這張照片上他們倆驕傲、幸福的神情，是我一輩子都忘不了的，至今回看，內心依舊激動，眼眶濕潤。

我的一輩子總是在承擔、履行一個個生命責任的過程中，歷練、成長、成熟，一轉眼，我已經走了好久、好遠。

無論過去、現在、未來，我將內心善念付諸行動、幫助別人，專心做內心覺得應該做的事的過程中，累積了多少無邊無量的善緣福報，我都將迴向給我在天上的阿爸阿母。

我相信，這是生命最高境界的孝順；我相信，他們一樣會露出當年那充滿驕傲、幸福的神情，笑著、看著我正在做的每一件小小的善事。

Eurasian Publishing Group
圓神出版事業機構
用心與你對話・視野無限寬廣
方智出版社
Fine Press

www.booklife.com.tw reader@mail.eurasian.com.tw

自信人生 202

福報：人與人之間眞正的差距

作　　者／許峰源
發 行 人／簡志忠
出 版 者／方智出版社股份有限公司
地　　址／臺北市南京東路四段50號6樓之1
電　　話／（02）2579-6600・2579-8800・2570-3939
傳　　真／（02）2579-0338・2577-3220・2570-3636
副 社 長／陳秋月
副總編輯／賴良珠
責任編輯／林振宏
校　　對／林振宏・溫芳蘭
美術編輯／李家宜
行銷企畫／陳禹伶・陳衍帆
印務統籌／劉鳳剛・高榮祥
監　　印／高榮祥
排　　版／莊寶鈴
經 銷 商／叩應股份有限公司
郵撥帳號／18707239
法律顧問／圓神出版事業機構法律顧問　蕭雄淋律師
印　　刷／祥峰印刷廠
2025年10月　初版
2025年10月　4刷

定價360元　ISBN 978-986-175-867-1

持續做內心覺得應該做的事，一直做，一直做，我們終將迎來轉運造命的福報。

——《種福》

國家圖書館出版品預行編目資料

福報：人與人之間真正的差距 / 許峰源 著.
-- 初版. -- 臺北市：方智出版社股份有限公司, 2025.10
288 面；14.8×20.8公分 --（自信人生；202）

ISBN 978-986-175-867-1（平裝）
1.CST: 修身
192.1 114011464